JN008623

少ない材料＆調味料で、
あとはスイッチポン！

ホットクックお助けレシピ
野菜のつくりおき

橋本加名子

ホットクックで野菜の つくりおきが充実！

忙しすぎる毎日の食事づくりを助けてくれる、シャープの自動調理鍋「ホットクック」。「スイッチひとつでおいしく仕上がる」というこの調理家電のメリットを最大限にいかすべく、「少ない材料＆調味料で、それでもおいしくつくれるレシピ」だけを紹介するのが、この『ホットクックお助けレシピ』シリーズです。

ホットクック入門者向けの『ホットクックお助けレシピ』、とにかく主菜をなんとかしたい人向けの『ホットクックお助けレシピ　肉と魚のおかず』に続き、今回お届けするシリーズ第三弾は、「野菜のつくりおき」レシピだけを厳選！

たとえば、週末などにまとめて副菜をつくりおきしておけば、平日は主菜を用意するだけ。献立を考える負担がグッと減ります。しかも、副菜で野菜をしっかりとれるので、主菜はシンプルに肉や魚を焼くだけでも、栄養バランスが整います。シリーズ第二弾『肉と魚のおかず』のレシピも一緒に活用すれば、主菜まで全部ホットクックにおまかせ！

この本では、ホットクックでつくりやすい野菜レシピに加えて、毎日の食事に積極的に取り入れたいこんにゃくや乾物、卵のつくりおきレシピもご紹介します。つくりおきのレパートリーを増やして、毎日の家事を少しでもラクにしていきましょう！

おいしく
できますように♪

野菜のつくりおきが助かる
5つの理由

1　献立を考える負担が減ります!

「今晩、何にしよう?」と悩むことに、時間を取られていませんか?　野菜のつくりおきがあれば、あとは主菜を考えればOK。主菜と副菜を時間差でつくることができるので、どちらの調理にもホットクックが使えるというメリットも!

2　野菜の種類や食べる量を増やせて、栄養バランスが整います!

ホットクックの野菜料理は、加熱することで野菜のカサが減るので、しっかり量を食べることができます。何種類かの野菜のつくりおきがあれば、主菜に野菜を使う必要なし!　たとえば、忙しいときにできあいの揚げ物を買ってきても、無理なく栄養バランスが整います。

3　まとめ調理で料理の負担をより少なく

野菜のつくりおきをまとめて調理しておけば、2、3食分の副菜の調理を1回で済ませることができるので、時間の節約。ホットクックに材料を入れてほったらかしで調理できるので、キッチンを離れてほかの家事をしている間に、できあがります。

4　野菜をしっかり使い切れます

この本の野菜レシピは、ひとつの野菜を主役にして、できるだけ使い切れるように配慮しました。たとえば、傷みやすいもやしのレシピは、すべて1袋(200g)を使い切るレシピになっています。もし、余ってしまった場合は、みそ汁やスープの具にしたり、カレーに入れたりして使い切るのがおすすめです。

5　朝ごはんやお弁当にも大活躍!

忙しい朝を助けてくれるのも、野菜のつくりおき。詰めるだけのおかずがあれば、お弁当づくりがとってもラク!　また、朝ごはんに野菜料理を食べれば、外食ランチで野菜が少なくても安心です。

CONTENTS

PART 1 「実の野菜」のつくりおき

PART 4 「きのこ」のつくりおき

と、おまけの卵

PART 5 「こんにゃく・豆・乾物」のつくりおき

How to use hotcook

ホットクックで野菜のつくりおきを
おいしく調理するコツ

ホットクックの調理は、材料を入れてスイッチを押すだけ！
とても簡単ですが、野菜料理をつくるときの
ちょっとした調理のコツを覚えておくと、
さらにおいしく仕上がります。

「自動調理キー」を活用！

この本のレシピは、ホットクックに設定され
ているたくさんの「自動調理メニューキー」
の中から、加熱時間や加熱の特徴を考慮
して厳選した調理キーを使います。10ペー
ジの自動調理メニューキーの主な特徴を
チェックして、似たような料理をつくるとき
の調理キー選びの参考にしてください。

※この本では、少ない種類の自動調理キーを活用して、
さまざまなレシピを提案しています。そのため、ホットクッ
クに準備されている自動調理キーとは大きく異なるもの
を推奨している場合がありますが、まちがいではありま
せん。

食材の切り方がポイントです

ホットクック調理では、食材の切り方や大き
さも重要ポイント。たとえば、レシピ中に「5
mm厚さに切る」と指定されている場合は、そ
の通りにしてください。厚すぎると火が通らず、
薄すぎると煮くずれしてしまうことがあります。

食材を入れる順番も大切！

内鍋に食材を入れるときは、野菜はしっかり
火を通したいものから順番に重ねていきます。
肉やねりものなどのたんぱく質は、野菜の上
にのせることで、野菜の水分をいかして火を
通すことができます。この本のレシピはすべて
「〜、〜、〜の順に入れる」と説明しています。

容器は清潔第一！
水気もふき取って

つくりおき料理を日持ちさせるためには、清潔な容器に保存すること！　しっかり洗って、熱湯をかけるか、食器用のアルコールスプレーで殺菌しておきましょう。水気も料理が傷む原因となるので、キッチンペーパーでしっかりふき取っておくことが大切です。

調理が終わったら
早めに保存容器へ

ほったらかしで調理できるのがホットクックのいいところですが、できあがったら鍋の中にそのまま入れっぱなしになりがち。青菜など色が変わりやすい野菜は、調理が終わったらできるだけ早めに保存容器に移しましょう。

しっかり冷ましてから冷蔵庫で保存します

温かい料理を保存容器に移したら、手で持ったときに温かさを感じなくなるくらいまで冷ましてから、冷蔵庫に保存しましょう。温かいうちにふたをしてしまうと、料理から蒸発した水分がふたについて水滴となり、傷む原因に。また、料理は汁ごと保存容器に入れるのもポイント。より味がなじんで、おいしく保つことができます。

How to use
hotcook

野菜のつくりおきにおすすめの
自動調理メニューキー

ホットクックには多彩な「自動調理メニューキー」がありますが、
この本では使いやすい調理キーにしぼって、オリジナルの解釈で
レシピを考案しました。主に使ったのは、下の5つの調理キー。
野菜料理の調理キー選びのポイントを、ぜひ参考にしてみて！

こんな料理に！	● すぐに火が通る葉野菜などを サッと加熱して 味つけする和え物やマリネ ● 混ぜながら軽く加熱したい炒め物	● 火が通りやすい野菜を 適度に加熱して 味つけする和え物やマリネ ● 混ぜながら適度に 加熱したい炒め物
おすすめ自動調理キー	**10分**　まぜ技ユニット **ほうれん草・小松菜キー** [HT99B] [HT24B] [HT16E] ▶ ゆで物 3-1 [HT99A] ▶ 野菜ゆで 3-1	**15分**　まぜ技ユニット **ブロッコリーキー** [HT99B] [HT24B] [HT16E] ▶ ゆで物 3-2 [HT99A] ▶ 野菜ゆで 3-2
たとえばこのレシピ	じゃこピーマン（P14） 小松菜とえのきの中華マリネ（P50） もやしのザーサイ炒め（P52）	ズッキーニのナムル（P29） キャベツといかくんのオイル蒸し（P38） ブロッコリーのペペロンチーノ風（P45） 

ホットクックの機種について

この本でレシピ考案のために使用したホットクックの機種は、「KN-HW16E」と「KN-HW16F」(容量1.6ℓ／2〜4人用)です。調理キーがわかりやすく表示され、音声ガイドや無線LANで新しいレシピを検索できるモデルです。他にも、2〜6人用の2.4ℓタイプ、1〜2人用の1ℓタイプなどがあります。

ホットクックのくわしい機種やカラーバリエーション、使い方などについては、取扱説明書またはオフィシャルサイトをごらんください。

https://jp.sharp/hotcook/

この本のレシピは
1.6ℓ／2.4ℓの
全機種でつくれます！

● いも・かぼちゃの煮物 ● 混ぜずにじっくり 　加熱したい煮物 ● じっくり味を含ませたい 　煮物や煮びたし	● 混ぜてしっかり 　加熱したい炒め物 ● 混ぜながら水分を 　とばし、食材の食感を 　残したい料理	● いも・かぼちゃを 　ホクホクにゆでて 　味つけする料理
20分 **かぼちゃの煮物**キー	**20**分 〈まぜ技ユニット〉 **豚バラ大根**キー	**25**分 〈まぜ技ユニット〉 **いも・かぼちゃ**キー
HT99B　HT24B HT16E ▶煮物2-3	HT99B　HT24B HT16E ▶煮物2-14	HT99B　HT24B HT16E ▶ゆで物3-4
HT99A ▶煮物1-2	HT99A ▶煮物1-20 ※HT99Aのみ15分です	HT99A ▶野菜ゆで3-4
なすのみそ煮(P20) 白菜と油揚げの煮びたし(P40) さつまいものレモン煮(P80)	にんじんとちくわのきんぴら(P66) かぶのじゃこ炒め(P72) まいたけのベーコンソテー(P93)	かぼちゃとくるみのサラダ(P25) マッシュポテト(P63) さつまいもとアーモンドのサラダ(P81)

※この本のレシピでほかに使用した調理キーについては、P126の「野菜のつくりおきINDEX 調理時間&調理キー別」をご覧ください。

この本の見方とレシピについて

この本のレシピは1.6ℓタイプの「KN-HW16F」を基準にしていますが、
1.6ℓ/2.4ℓタイプの全機種でつくることができます。それぞれのレシピページに
掲載したマークや表の見方などは、下記を参考にしてください。

● 調理時間

自動調理メニューキーに設定されている加熱時間の目安です。この本のレシピでつくる場合は、食材の種類や量によって、変わることがあります。また、材料を切るなどの準備の時間は含まれていませんが、どのレシピも手間がかからないものばかりです。

● 自動調理メニューキー

メインで表示している自動調理メニューキーは「HW16D/HW16E/HW16F/HW24C/HW24E/HW24F」の機種にもとづいていますが、掲載したレシピは、1.6ℓタイプと2.4ℓタイプのホットクック全機種に対応しています。それぞれの機種の調理キーにしたがって操作してください。

● まぜ技ユニット

このマークがあるレシピは、あらかじめホットクックに「まぜ技ユニット」を装着してください。

● 保存のめやす

清潔な容器で適切に保存した場合の、保存期間のめやすです。つくった日を忘れないように、マスキングテープなどに書いて容器に貼っておくのがおすすめです。

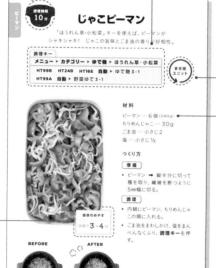

じゃこピーマン

「ほうれん草・小松菜」キーを使えば、ピーマンがシャキシャキ！ じゃこの旨味とごま油の香りも好相性。

調理キー
メニュー ▶ カテゴリー ▶ ゆで物 ▶ ほうれん草・小松菜
HT99B　HT24B　HT16E　自動 ▶ ゆで物 3-1
HT99A　自動 ▶ 野菜ゆで 3-1

まぜ技ユニット

調理時間 10分

材料
ピーマン … 6個 (240g)
ちりめんじゃこ … 30g
ごま油 … 小さじ2
塩 … 小さじ½

つくり方
〔準備〕
・ ピーマン … 縦半分に切って種を取り、繊維を断つように5mm幅に切る。

〔調理〕
・ 内鍋にピーマン、ちりめんじゃこの順に入れる。
・ ごま油をまわしかけ、塩をまんべんなくふり、調理キーを押す。

保存のめやす
冷蔵で 3～4日

BEFORE　AFTER

14

● 野菜の重量

レシピ中の野菜の重量は、皮をむいたり、種を除いたりした「正味」の重量です。

● できあがり量

特に明記していないレシピはすべて、「つくりやすい分量」になっています。どのレシピも、400～600㎖の保存容器に入るくらいのできあがり量です。

レシピのきまり

・ 小さじ1は5㎖、大さじ1は15㎖です。
・ にんにく1片、しょうが1かけは約10gです。
・ 食材を洗う、野菜の皮をむくなどの基本的な下ごしらえは省いています。

PART
1

「実の野菜」の
つくりおき

太陽の光をたっぷり浴びて、旨味が凝縮した「実の野菜」。

ホットクック調理に向いているのは、ピーマン、なす、かぼちゃ、ズッキーニといった、食感がしっかりしていて、火を通して食べたい野菜です。

これらの野菜を普通の鍋で調理するときは、火が通ったかどうか、何度も確かめてしまいがち。火にかけている間も、何かと目が離せません。

ホットクックなら、そんな心配はご無用！

切って内鍋に入れたら、あとはスイッチポン！調理がラクだと、どんどんつくりおきしたくなります。

調理時間 **10**分

じゃこピーマン

「ほうれん草・小松菜」キーを使えば、ピーマンが
シャキシャキ！ じゃこの旨味とごま油の香りが好相性。

調理キー

メニュー ▶ カテゴリー ▶ ゆで物 ▶ ほうれん草・小松菜
HT99B HT24B HT16E 自動 ▶ ゆで物 3-1
HT99A 自動 ▶ 野菜ゆで 3-1

まぜ技
ユニット

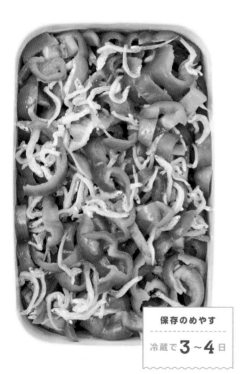

保存のめやす

冷蔵で **3~4**日

材料

ピーマン … 6個 (240g)
ちりめんじゃこ … 30g
ごま油 … 小さじ2
塩 … 小さじ ½

つくり方

準備

- ピーマン ➡ 縦半分に切って
  種を取り、繊維を断つように
  5mm幅に切る。

調理

- 内鍋にピーマン、ちりめんじゃ
  この順に入れる。
- ごま油をまわしかけ、塩をまん
  べんなくふり、**調理キー**を押
  す。

BEFORE   AFTER

まるごとピーマンの煮びたし

ピーマンって、種まで食べられる野菜なんです！
まるごとクタクタに煮たおいしさ、ぜひ一度味わって。

調理キー

メニュー ▶ カテゴリー ▶ 煮物 ▶ 野菜 ▶ かぼちゃの煮物
HT99B　HT24B　HT16E　自動 ▶ 煮物 2-3
HT99A　自動 ▶ 煮物 1-2

材料

ピーマン … 8個 (320g)

A　みりん、しょうゆ
　　　… 各大さじ1½
　　水 … 200㎖

つくり方

準備

- ピーマン ➡ 包丁の刃先で2か所ほど刺す。
- A ➡ 混ぜ合わせる。

調理

- 内鍋にピーマンを入れ、Aをまわし入れて**調理キー**を押す。
- 調理が終わったらピーマンを返して冷まし、味をなじませる。

保存のめやす

冷蔵で **4～5** 日

BEFORE　　　AFTER

15

調理時間
10分

やみつきピーマン

材料は潔くピーマンだけなのに、お箸が止まらない!?
たっぷりつくっても、あっという間になくなります。

調理キー

| メニュー ▶ カテゴリー ▶ ゆで物 ▶ ほうれん草・小松菜 |
| HT99B　HT24B　HT16E　自動 ▶ ゆで物 3-1 |
| HT99A　自動 ▶ 野菜ゆで 3-1 |

まぜ技
ユニット

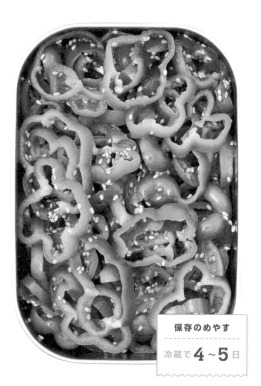

保存のめやす
冷蔵で **4~5** 日

材料

ピーマン … 6個 (240g)

ごま油、鶏ガラスープの素 (顆粒)
　… 各大さじ1

塩 … 少々

白いりごま … 適量

つくり方

準備

- ピーマン ➡ ヘタを落として種を取り、5mm厚さの輪切りにする。

調理

- 内鍋にピーマンを入れ、ごま油をまわしかける。鶏ガラスープの素、塩をまんべんなくふり、**調理キー**を押す。

- 調理が終わったら、白いりごまを混ぜる。

BEFORE　　　　　　AFTER

ピーマンとカニカマの中華煮びたし

調理時間 20分

ごま油をきかせたしょうゆ味で、ごはんが進む副菜です。
カニカマは加熱すると色がとぶので、あと混ぜにして！

調理キー

メニュー ▶ カテゴリー ▶ 煮物 ▶ 野菜 ▶ かぼちゃの煮物
HT99B　HT24B　HT16E　自動 ▶ 煮物 2-3
HT99A　自動 ▶ 煮物 1-2

材料

ピーマン … 6個（240g）
カニカマ … 12本
A　酒、しょうゆ、ごま油
　　　… 各大さじ1
　水 … 50㎖

つくり方

準備

- ピーマン ➡ 縦半分に切って種を取り、さらに縦半分に切る。
- カニカマ ➡ 粗くほぐす。
- A ➡ 混ぜ合わせる。

調理

- 内鍋にピーマンを入れ、Aをまわし入れて**調理キー**を押す。
- 調理が終わったら、カニカマを混ぜる。

保存のめやす

冷蔵で **2~3** 日

BEFORE　　**AFTER**

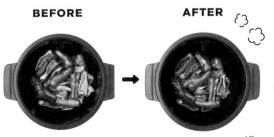

ピーマンのキーマカレー炒め

調理時間 **20分**

「ちょっとだけカレーが食べたい！」なんていうときも
食欲を満たしてくれるピーマンおかず。ごはんにかけて！

調理キー

メニュー ▶ カテゴリー ▶ 煮物 ▶ 肉 ▶ 豚バラ大根
HT99B　HT24B　HT16E　自動 ▶ 煮物 2-14
HT99A　自動 ▶ 煮物 1-20（15分）

まぜ技
ユニット

保存のめやす
冷蔵で **2〜3**日

材料

ピーマン … 6個（240g）

豚ひき肉 … 100g

A　酒、カレー粉 … 各大さじ1
　　しょうゆ、ウスターソース
　　　… 各小さじ2
　　サラダ油 … 小さじ1

つくり方

準備

- ピーマン ➡ 縦半分に切って
種を取り、繊維に沿って5mm
幅に切る。

- 豚肉 ➡ Aをもみ込む。

調理

- 内鍋にピーマン、豚肉（もみ込
んだAの残りも）の順に入れ
て**調理キー**を押す。

BEFORE　　AFTER

蒸しなすのマリネ

オリーブオイルと塩だけで軽く火を通して、加熱後に
お酢でマリネします。さっぱり味で箸休めにぴったり。

調理キー

メニュー ▶ カテゴリー ▶ ゆで物 ▶ ブロッコリー
HT99B　HT24B　HT16E　自動 ▶ ゆで物 3-2
HT99A　自動 ▶ 野菜ゆで 3-2

まぜ技
ユニット

材料

なす … 4本 (320g)
オリーブオイル … 大さじ2
塩 … 小さじ1
酢 … 大さじ2
黒こしょう、ドライバジル
　… 各適量

つくり方

準備

- なす ➡ 縦半分に切り、1cm
　厚さの斜め切りにする。

調理

- 内鍋になすを入れ、オリーブ
　オイルをまわしかける。塩をま
　んべんなくふり、**調理キー**を
　押す。

- 調理が終わったら酢をまわし
　入れ、黒こしょう、ドライバジ
　ルをふって混ぜる。

保存のめやす

冷蔵で **2～3** 日

BEFORE　　　　　AFTER

なす

調理時間 **20**分

なすのみそ煮

とろっとやわらかく煮込んだなすに、甘辛いみその
旨味がしみしみ。青じその香りもいいアクセント!

調理キー

メニュー ▸ カテゴリー ▸ 煮物 ▸ 野菜 ▸ かぼちゃの煮物
HT99B　HT24B　HT16E　自動 ▸ 煮物 2-3
HT99A　自動 ▸ 煮物 1-2

保存のめやす
冷蔵で **4~5**日

材料

なす … 4本 (320g)
A　みそ … 大さじ2
　　酒、みりん … 各大さじ1
　　砂糖 … 小さじ2
　　水 … 大さじ3
青じそのせん切り … 5枚分

つくり方

準備

- なす ➡ 小さめの乱切りにする。
- A ➡ 混ぜ合わせる。

調理

- 内鍋になすを入れ、Aをまわし入れて**調理キー**を押す。
- 調理が終わったら、青じそを混ぜる。

BEFORE　　　AFTER

20

調理時間 20分

なすとツナのめんつゆ煮

ツナの旨味をいかして、なすをくったりやわらかく
煮込みます。しょうがの風味をきかせるのがポイント!

調理キー

メニュー ▶ カテゴリー ▶ 煮物 ▶ 野菜 ▶ かぼちゃの煮物
HT99B　HT24B　HT16E　自動 ▶ 煮物 2-3
HT99A　自動 ▶ 煮物 1-2

材料

なす … 4本(320g)

ツナ(缶) … 小1缶(70g)

しょうがの粗みじん切り… 2かけ分

A　めんつゆ(3倍濃縮) … 80mℓ
　　酒 … 大さじ1
　　水 … 100mℓ

つくり方

準備

- なす ➡ 縦4等分に切り、斜め半分に切る。
- ツナ ➡ 軽く汁気をきる。
- A ➡ 混ぜ合わせる。

調理

- 内鍋になす、しょうが、ツナの順に入れ、Aをまわし入れて**調理キー**を押す。
- 調理が終わったら、軽く混ぜる。

保存のめやす

冷蔵で **2~3**日

BEFORE ➡ **AFTER**

21

調理時間 **20分**

なすとベーコンの重ね蒸し

パンにも合うデリ風おかず。オリーブオイルと
ベーコンの旨味を吸って、なすのおいしさアップ！

保存のめやす

冷蔵で **2～3**日

材料

なす … 4本 (320g)
ベーコン … 2枚 (40g)
にんにく … 1片
ローリエ … 1枚
酒、オリーブオイル … 各大さじ1
塩 … 小さじ ½

つくり方

準備

- なす ➡ 7mm厚さの斜め切りに
  する。
- ベーコン ➡ 5mm幅に切る。
- にんにく ➡ 縦半分に切り、軽く
  つぶす。

調理

- 内鍋になす、ベーコン、にんにく、
  なす、ベーコン、にんにくの順に
  重ねて、ローリエをのせる。
- 酒とオリーブオイルをまわしかけ、
  塩をまんべんなくふり、**調理キー**
  を押す。
- 調理が終わったら、軽く混ぜる。

BEFORE　**AFTER**

なすの中華風煮びたし

オイスターソースをきかせた煮汁がしみた、とろとろの
なすが最高。唐辛子のピリ辛感も食欲をかき立てます！

調理キー

メニュー ▶ カテゴリー ▶ 煮物 ▶ 野菜 ▶ かぼちゃの煮物
HT99B　HT24B　HT16E　自動 ▶ 煮物 2-3
HT99A　自動 ▶ 煮物 1-2

材料

なす … 4本 (320g)
赤唐辛子の輪切り (乾燥) … 1本分
A　オイスターソース、しょうゆ
　　　… 各大さじ1½
　　砂糖 … 小さじ1
　　ごま油 … 大さじ1
　　水 … 300㎖

つくり方

【準備】

- なす ➡ 縦半分に切り、斜め 4等分に切る。
- A ➡ 混ぜ合わせる。

【調理】

- 内鍋になす、赤唐辛子の順に 入れ、Aをまわし入れて**調理キー**を押す。

保存のめやす
冷蔵で **4～5** 日

BEFORE　　AFTER

23

あっさりかぼちゃの煮物

調理時間 20分

かぼちゃの味わいをいかして仕上げる、定番の和風の煮物。
あっさり薄味なので、飽きないおいしさです。

調理キー

メニュー ▶ カテゴリー ▶ 煮物 ▶ 野菜 ▶ かぼちゃの煮物
HT99B　HT24B　HT16E　自動 ▶ 煮物 2-3
HT99A　自動 ▶ 煮物 1-2

保存のめやす

冷蔵で **3~4** 日

材料

かぼちゃ … 1/4 個（400g）

A　砂糖、酒 … 各大さじ1
　　しょうゆ … 小さじ1
　　塩 … 少々
　　水 … 100㎖

つくり方

【準備】

- かぼちゃ ➡ 3cm角程度に切る。
- A ➡ 混ぜ合わせる。

【調理】

- 内鍋にかぼちゃを入れ、Aをまわし入れて**調理キー**を押す。
- 調理が終わったら、全体に煮汁をからめる。

BEFORE　　**AFTER**

調理時間 25分 かぼちゃとくるみのサラダ

かぼちゃをホクホクの蒸しゆでにしたら、調味料で
和えるだけ。香ばしいくるみがかぼちゃとマッチ！

調理キー

メニュー ▶ カテゴリー ▶ ゆで物 ▶ いも・かぼちゃ
HT99B　**HT24B**　**HT16E**　**自動 ▶ ゆで物 3 - 4**
HT99A　**自動 ▶ 野菜ゆで 3 - 4**

まぜ技
ユニット

材料

かぼちゃ … 1/4 個 (400g)
くるみ (ロースト) … 40g
マヨネーズ … 大さじ2
塩 … 小さじ1/4
黒こしょう … 適量

つくり方

準備

- かぼちゃ ➡ 3cm角程度に切
る。
- くるみ ➡ 粗く砕く。

調理

- 内鍋にかぼちゃ、水大さじ3
（分量外）を入れて**調理キー**を
押す。
- 調理が終わったら水気をきり、
マヨネーズと塩を加えて、か
ぼちゃを粗くつぶしながら和
える。
- くるみ、黒こしょうを混ぜる。

保存のめやす

冷蔵で **3~4** 日

BEFORE　　　AFTER

かぼちゃ

調理時間
20分

かぼちゃのレモン煮

レモンの酸味がホクホクかぼちゃの甘さをさっぱりと
引き立てます。かぼちゃ好きにはたまらない！

調理キー

メニュー ▶ カテゴリー ▶ 煮物 ▶ 野菜 ▶ かぼちゃの煮物
HT99B　HT24B　HT16E　自動 ▶ 煮物 2-3
HT99A　自動 ▶ 煮物 1-2

保存のめやす

冷蔵で **3~4** 日

材料

かぼちゃ … ¼ 個（400g）

レモンの薄切り… 2枚

A　レモン汁 … 大さじ ⅔
　　砂糖 … 大さじ1
　　塩 … 小さじ ¼
　　水 … 150㎖

つくり方

準備

- かぼちゃ ➡ 2×4㎝程度に
  切る。

- A ➡ 混ぜ合わせる。

調理

- 内鍋にかぼちゃ、レモンの薄
  切りの順に入れ、Aをまわし
  入れて**調理キー**を押す。

- 調理が終わったら、全体に煮
  汁をからめる。

BEFORE　　　　　**AFTER**

調理時間
20分

かぼちゃのピリ辛煮

豆板醤の旨味と辛味が、ほのかに甘いかぼちゃと
意外な好相性。ごはんにもよく合うおかずです。

調理キー				
メニュー ▶ カテゴリー ▶ 煮物 ▶ 野菜 ▶ かぼちゃの煮物				
HT99B	HT24B	HT16E	自動 ▶ 煮物 2-3	
HT99A	自動 ▶ 煮物1-2			

材料

かぼちゃ … ¼ 個 (400g)

A しょうがのみじん切り … 1かけ分
  しょうゆ … 大さじ ⅔
  砂糖 … 大さじ ½
  豆板醤 … 小さじ1
  水 … 100㎖

つくり方

準備

- かぼちゃ ➡ 2×4㎝程度に切る。
- A ➡ 混ぜ合わせる。

調理

- 内鍋にかぼちゃを入れ、Aをまわ
  し入れて**調理キー**を押す。
- 調理が終わったら、全体に煮汁
  をからめる。

保存のめやす

冷蔵で **3～4** 日

BEFORE　　　　　AFTER

ズッキーニ

調理時間 20分

ズッキーニのラタトゥイユ

ズッキーニを主役に、ミニトマトや玉ねぎをプラス。
野菜の水分だけで蒸し煮にしたおいしさを楽しんで！

調理キー

メニュー ▶ カテゴリー ▶ 煮物 ▶ 野菜 ▶ かぼちゃの煮物
HT99B　HT24B　HT16E　自動 ▶ 煮物 2-3
HT99A　自動 ▶ 煮物 1-2

保存のめやす

冷蔵で **4~5** 日

材料

ズッキーニ … 2本 (400g)

ミニトマト … 10個

玉ねぎ … ½個

にんにく … 1片

ローリエ … 1枚

オリーブオイル … 大さじ1

塩 … 小さじ1

つくり方

準備

- ズッキーニ ➡ 7mm厚さに切る。
- 玉ねぎ ➡ 2cm角に切る。
- にんにく ➡ 縦半分に切り、軽くつぶす。

調理

- 内鍋に玉ねぎ、ズッキーニ、にんにく、ミニトマト、ローリエの順に入れる。
- オリーブオイルをまわしかけ、塩をまんべんなくふり、**調理キー**を押す。
- 調理が終わったら、軽く混ぜる。

BEFORE　　　AFTER

ズッキーニのナムル

調理時間 15分

韓国では、ズッキーニはナムルの定番野菜。
短冊切りにして、食感が残るように仕上げます。

調理キー

メニュー ▸ カテゴリー ▸ ゆで物 ▸ ブロッコリー
HT99B　HT24B　HT16E　自動 ▸ ゆで物 3-2
HT99A　自動 ▸ 野菜ゆで 3-2

まぜ技
ユニット

材料

ズッキーニ … 2本(400g)
おろしにんにく … 2片分
ごま油 … 大さじ1
鶏ガラスープの素(顆粒) … 小さじ2
塩 … 小さじ½

つくり方

準備

- ズッキーニ ➡ 4〜5cm長さ
  に切ってから縦半分に切り、
  7mm厚さの短冊切りにする。

調理

- 内鍋にズッキーニを入れ、お
  ろしにんにくを散らし、ごま油
  をまわしかける。
- 鶏ガラスープの素、塩をまん
  べんなくふり、**調理キー**を押
  す。
- 調理が終わったら、軽く混ぜ
  る。

保存のめやす
冷蔵で **4〜5** 日

BEFORE　　　　AFTER

まぜ技
ユニット

調理時間
20分

ズッキーニのカレー炒め

あっさりしたズッキーニには、スパイシーなカレー味が
合います。シンプルな材料だからつくりやすい!

調理キー
メニュー ▶ カテゴリー ▶ **煮物** ▶ **肉** ▶ **豚バラ大根**
HT99B　HT24B　HT16E　自動 ▶ 煮物 2-14
HT99A　自動 ▶ 煮物 1-20 (15分)

保存のめやす
冷蔵で **4~5** 日

材料

ズッキーニ … 2本 (400g)
サラダ油 … 小さじ2
カレー粉 … 大さじ1
塩 … 小さじ 2/3

つくり方

準備

- ズッキーニ ➡ 7mm厚さの輪
  切りにする。

調理

- 内鍋にズッキーニを入れ、サ
  ラダ油をからめる。

- カレー粉、塩をまんべんなく
  ふり、**調理キー**を押す。

BEFORE　　　　AFTER

ズッキーニのオムレツ

調理時間 **55**分

こんなぶ厚いオムレツも、ホットクックなら超簡単。
食べるときにトマトケチャップを添えるのがおすすめ！

調理キー

HW16F HW24F	メニュー ▶ カテゴリー ▶ お菓子・その他 ▶ オープンオムレツ
HW16D HW16E HW24C HW24E	メニュー ▶ カテゴリー ▶ お菓子・その他 ▶ スポンジケーキ（45分）

HT99B HT24B HT16E	自動 ▶ お菓子 7-1（45分）
HT99A	自動 ▶ お菓子 6-1（45分）

材料

ズッキーニ … 1本（200g）

ハム … 4枚

ピザ用チーズ … 50g

A 溶き卵 … 5個分
　塩 … 小さじ ¼
　砂糖 … 少々

※2.4ℓタイプは内鍋が
やや大きいので、ピザ
用チーズ70g、溶き卵
7個分、塩小さじ ½、
砂糖小さじ ¼ に増や
してつくってください。

\ 断面もキレイ！ /

保存のめやす
冷蔵で **2~3** 日

つくり方

準備

- ズッキーニ ➡ 5mm厚さの半月切りにする。
- ハム ➡ 2cm長さの細切りにする。
- A ➡ 混ぜ合わせる。

調理

- 内鍋にオーブンシート※を敷き、ズッキーニ、ハム、チーズ、ズッキーニの順に重ねる。
- Aを流し入れ、**調理キー**を押す。
- 調理が終わったら、オーブンシートごと取り出す。

※「HW16F/24F」はフッ素コートの内鍋なのでオーブンシートを敷かなくてもくっつきませんが、シートを敷くと取り出すのが簡単です。

BEFORE → **AFTER**

具だくさんの汁物と一緒に
和のワンプレートごはん

つくりおきおかずを何品かつくったら、こんなふうに少しずつお皿に盛りつけて楽しむのがおすすめ！ この日の主役は「おいなりさん」です。余裕があれば、ホットクックでもう一品、温かい汁物をつくっちゃいましょう。「沢煮汁」は、具材の旨味だけで深い味になるので、だしいらず。材料を入れてスイッチポン！で、盛りつけをしている間にできあがります。ちなみに、ワンプレートごはんには、洗い物が少なくてすむというメリットも！

MENU

❶ **おいなりさん**
（113ページの「おいなりさんの油揚げ」に酢飯を詰めて、
市販のしょうがの甘酢漬けを添える）

❷ **小松菜とカニカマのごま和え**（49ページ）

❸ **リボンにんじんのおひたし**（67ページ）

❹ **大根と塩昆布のマリネ**（71ページ）

❺ **さつまいものレモン煮**（80ページ）

つくりおきにプラス！ レシピ

❻ **沢煮汁**（34ページ）

つくりおきにプラス！ レシピ

沢煮汁

調理時間 25分

汁物も材料を入れてスイッチポン！ せん切りの根菜と豚肉の旨味で、だしを使わなくてもしみじみと深い味。

調理キー

| メニュー ▶ カテゴリー ▶ スープ ▶ 具だくさんみそ汁 |
| HT99B　HT24B　HT16E　自動 ▶ カレー・スープ 1-5 |
| HT99A　手動 ▶ 煮物 1-1 ▶ 20分 |

まぜ技
ユニット

材料（2〜3人分）

豚もも薄切り肉 … 2枚（60g）
にんじん … 1/3 本（50g）
ごぼう … 1/4 本（40g）
しいたけ … 2枚
A 水 … 500㎖
　 しょうゆ、酒 … 各大さじ1
　 塩 … 少々

つくり方

準備

- 豚肉 ➡ 5mm幅に切る。
- にんじん、ごぼう ➡ せん切りにする。
- しいたけ ➡ 薄切りにする。

調理

- 内鍋ににんじん、ごぼう、豚肉、しいたけ、Aの順に入れて**調理キー**を押す。

PART
2

「葉と茎の野菜」の
つくりおき

キャベツや白菜など、なかなか使い切れない
「葉の野菜」は、ホットクック調理にぴったり!
シャキシャキに炒めても、クタクタに煮てもおいしいので、
つくりおきのバリエーションが広がる野菜です。
青菜でホットクックが得意なのは、加熱に強い小松菜。
炒めても煮ても色鮮やか! さらに、「花と茎」を味わう
ブロッコリーもおすすめ。「ブロッコリー」キーを使えば、
ほどよい食感に火を通して、栄養も旨味も逃しません。
この章では「芽の野菜」、もやしのつくりおきもご紹介。
お財布にやさしいレシピは家計の強い味方です!

調理時間 10分

塩だれキャベツ

やめられない止まらない、やみつきになる味！
ほどよいシャキシャキ食感で、お酒のアテにもおすすめ。

調理キー				
メニュー ▶ カテゴリー ▶ ゆで物 ▶ ほうれん草・小松菜				
HT99B	HT24B	HT16E	自動 ▶ ゆで物 3-1	
HT99A	自動 ▶ 野菜ゆで 3-1			

まぜ技
ユニット

保存のめやす

冷蔵で **4~5** 日

材料

キャベツ … 1/4 個（250g）

おろしにんにく … 1片分

鶏ガラスープの素（顆粒）、ごま油
　… 各大さじ1

塩 … 少々

レモン汁 … 大さじ1

つくり方

準備

- キャベツ ➡ 大きめのひと口
　大に切る。

調理

- 内鍋にキャベツを入れ、おろ
　しにんにくを散らす。鶏ガラ
　スープの素、ごま油、塩をまん
　べんなくふり、**調理キー**を押す。

- 調理が終わったら、レモン汁
　を加えて混ぜる。

BEFORE　　　　**AFTER**

キャベツのカレーマリネ

酸味をきかせたシンプルなキャベツのマリネにカレーの
スパイス感をプラス。肉料理のつけ合わせにしても！

調理キー					
メニュー ▶ カテゴリー ▶ ゆで物 ▶ ほうれん草・小松菜					
HT99B	HT24B	HT16E	自動 ▶ ゆで物 3-1		
HT99A	自動 ▶ 野菜ゆで 3-1				

まぜ技
ユニット

材料

キャベツ … 1/4 個 (250g)
オリーブオイル … 大さじ1
カレー粉 … 小さじ1
塩 … 小さじ1/2
酢 … 大さじ2

つくり方

準備

- キャベツ ➡ せん切りにする。

調理

- 内鍋にキャベツを入れ、オリーブオイルをまわしかける。カレー粉、塩をまんべんなくふり、**調理キー**を押す。

- 調理が終わったら、酢を加えて混ぜる。

保存のめやす
冷蔵で **4~5** 日

BEFORE ➡ AFTER

キャベツといかくんのオイル蒸し

調理時間 15分

食べたら驚く!? おつまみのいかくん＆オリーブオイルが、
キャベツをこんなにおいしくしてくれるなんて！

調理キー

メニュー ▶ カテゴリー ▶ ゆで物 ▶ ブロッコリー
HT99B　HT24B　HT16E　自動 ▶ ゆで物 3-2
HT99A　自動 ▶ 野菜ゆで 3-2

まぜ技
ユニット

保存のめやす

冷蔵で **2〜3** 日

材料

キャベツ … 1/4 個 (250g)
いかのくんせい … 30g
しょうがのせん切り … 2かけ分
オリーブオイル … 大さじ2
塩 … 小さじ 1/2
酢 … 大さじ1

つくり方

準備

- キャベツ ➡ 太めのせん切りにする。

調理

- 内鍋にキャベツ、いかくん、しょうがの順に入れる。
- オリーブオイルをまわしかけ、塩をまんべんなくふり、**調理キー**を押す。
- 調理が終わったら、酢を加えて混ぜる。

BEFORE　　　AFTER

調理時間
20分

キャベツと豚そぼろのソース炒め

食欲をかき立てる、やきそばみたいなソース味。
コッペパンに挟んでサンドイッチにアレンジしても！

まぜ技
ユニット

調理キー

メニュー ▶ カテゴリー ▶ 煮物 ▶ 肉 ▶ 豚バラ大根
HT99B　HT24B　HT16E　自動 ▶ 煮物 2-14
HT99A　自動 ▶ 煮物 1-20 (15分)

キャ
ベ
ツ

材料

キャベツ … ¼ 個 (250g)
にんじん … ½ 本 (75g)
豚ひき肉 … 50g
A　ウスターソース … 大さじ2
　　酒、しょうゆ … 各小さじ1
サラダ油 … 小さじ1

つくり方

準備

- キャベツ ➡ ひと口大に切る。
- にんじん ➡ 4cm長さ、3mm厚さの短冊切りにする。
- 豚肉 ➡ Aをもみ込む。

調理

- 内鍋ににんじん、キャベツの順に入れ、サラダ油をからめる。
- 豚肉 (もみ込んだ A の残りも) を加え、**調理キー**を押す。

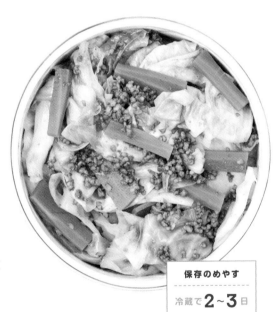

保存のめやす

冷蔵で **2~3** 日

BEFORE ➡ **AFTER**

39

調理時間 20分

白菜と油揚げの煮びたし

クタクタ白菜の味わい深さがしみる、定番のお惣菜。
油揚げのコクと旨味の効果で、だしいらず!

調理キー

メニュー ▶ カテゴリー ▶ 煮物 ▶ 野菜 ▶ かぼちゃの煮物
HT99B　HT24B　HT16E　自動 ▶ 煮物 2-3
HT99A　自動 ▶ 煮物 1-2

保存のめやす
冷蔵で **3~4** 日

BEFORE → **AFTER**

材料

白菜 … 1/4 個(400g)

油揚げ … 1枚

A しょうゆ … 大さじ1½
　酒 … 大さじ1
　砂糖 … 小さじ1
　水 … 大さじ2

つくり方

準備

- 白菜 ➡ 葉はざく切りに、軸は3cm長さのそぎ切りにする。
- 油揚げ ➡ キッチンペーパーで油をおさえて5mm幅に切る。
- A ➡ 混ぜ合わせる。

調理

- 内鍋に白菜の軸、油揚げ、白菜の葉の順に入れる。
- Aをまわし入れて**調理キー**を押す。
- 調理が終わったら、軽く混ぜて味をなじませる。

調理時間 20分

白菜とベーコンのスープ煮

やわらかく蒸し煮にした白菜に、ベーコンの旨味が
しっかりしみたおいしさ。材料もシンプル！

白
菜

調理キー

メニュー ▶ カテゴリー ▶ 煮物 ▶ 野菜 ▶ かぼちゃの煮物
HT99B　**HT24B**　**HT16E**　自動 ▶ 煮物 2-3
HT99A　自動 ▶ 煮物 1-2

材料

白菜 … ¼ 個 (400g)

ベーコン … 3 枚 (60g)

洋風スープの素 (顆粒)、酒
　　… 各大さじ1

水 … 50㎖

つくり方

準備

- 白菜 ➡ 葉はざく切りにする。
  軸は 5㎝ 長さに切ってから、
  繊維に沿って1㎝幅に切る。

- ベーコン ➡ 1㎝幅に切る。

調理

- 内鍋に白菜の軸、ベーコン、
  白菜の葉の順に入れる。

- 洋風スープの素をまんべんな
  くふり、酒と水をまわし入れて
  調理キーを押す。

- 調理が終わったら、軽く混ぜ
  て味をなじませる。

保存のめやす

冷蔵で **2~3** 日

BEFORE　　　　　　　**AFTER**

41

調理時間
20分

白菜のラーパーツァイ風

中華料理でおなじみ、唐辛子をきかせた白菜の甘酢漬け。
白菜を加熱することで、短時間でつくれます！

調理キー

メニュー ▶ カテゴリー ▶ 煮物 ▶ 肉 ▶ 豚バラ大根
HT99B　HT24B　HT16E　自動 ▶ 煮物 2-14
HT99A　自動 ▶ 煮物 1-20（15分）

まぜ技
ユニット

保存のめやす

冷蔵で **4〜5**日

BEFORE

↓

AFTER

材料

白菜 … 1/4 個（400g）
にんじん … 1/3 本（50g）
しょうがのせん切り … 1かけ分
赤唐辛子の輪切り（乾燥）… 1本分
砂糖 … 大さじ1
塩、ごま油 … 各小さじ1
酢 … 大さじ2

つくり方

準備

- 白菜 ➡ 葉はざく切りにする。軸は5cm長さに切ってから、繊維に沿って1cm幅に切る。

- にんじん ➡ 5cm長さ、3mm厚さの短冊切りにする。

調理

- 内鍋ににんじん、白菜の軸、しょうが、赤唐辛子、白菜の葉の順に入れる。

- ごま油をまわしかけ、砂糖、塩をまんべんなくふり、**調理キー**を押す。

- 調理が終わったら、酢を加えて混ぜる。

調理時間
20分

白菜とちくわのうま煮

ねりものはだしが出て、具材にもなるから一石二鳥。
甘味をおさえた、食べ飽きないうま煮です。

白菜

調理キー

メニュー ▶ カテゴリー ▶ 煮物 ▶ 野菜 ▶ かぼちゃの煮物
HT99B **HT24B** **HT16E**　自動 ▶ 煮物2-3
HT99A　自動 ▶ 煮物1-2

材料

白菜 … ¼個（400g）

ちくわ … 2本

A しょうゆ、酒、みりん
　　　… 各大さじ1½
　塩 … 小さじ½
　水 … 100㎖

つくり方

準備

- 白菜 ➡ 葉はざく切りに、軸は4㎝長さのそぎ切りにする。
- ちくわ ➡ 縦半分に切り、5㎜厚さの斜め切りにする。
- A ➡ 混ぜ合わせる。

調理

- 内鍋に白菜の軸、ちくわ、白菜の葉の順に入れ、Aをまわし入れて**調理キー**を押す。
- 調理が終わったら、軽く混ぜて味をなじませる。

保存のめやす
冷蔵で **2〜3**日

BEFORE　　　　AFTER

ブロッコリーの粒マスタード和え

「ブロッコリー」キーを使えば、ほったらかしでほどよい
食感にゆでてくれます。あとは調味料で和えるだけ！

調理キー

メニュー ▶ カテゴリー ▶ ゆで物 ▶ ブロッコリー
HT99B　HT24B　HT16E　自動 ▶ ゆで物 3-2
HT99A　自動 ▶ 野菜ゆで 3-2

まぜ技
ユニット

保存のめやす

冷蔵で **3~4**日

材料

ブロッコリー … 1株（200g）
A　粒マスタード … 大さじ2
　　しょうゆ … 小さじ1

つくり方

準備

- ブロッコリー ➡ 小房に分ける。
  茎は皮をむき、5mm厚さに切る。
  ボウルに水をはってひたす。

- A ➡ 混ぜ合わせる。

調理

- 内鍋に水気をきらずにブロッコ
  リーを入れ、**調理キー**を押す。

- 調理が終わったら鍋底の水分
  を捨て、Aを加えて和える。

BEFORE　　　　　　AFTER

ブロッコリーのペペロンチーノ風

にんにくと赤唐辛子をきかせた、あとをひく味つけ。
あっという間にブロッコリーがなくなります！

調理キー

メニュー ▶ カテゴリー ▶ **ゆで物** ▶ ブロッコリー

| HT99B | HT24B | HT16E | 自動 ▶ ゆで物 3-2 |
| HT99A | 自動 ▶ 野菜ゆで 3-2 |

まぜ技
ユニット

材料

ブロッコリー … 1株 (200g)
にんにくの薄切り … 1片分
赤唐辛子の輪切り(乾燥) … 1本分
オリーブオイル … 大さじ1
塩 … 小さじ 2/3

つくり方

準備

- ブロッコリー ➡ 小房に分ける。
  茎は皮をむき、5mm厚さに切る。

調理

- 内鍋にブロッコリーを入れ、に
  んにく、赤唐辛子を散らす。
- オリーブオイルをまわしかけ、
  塩をまんべんなくふり、**調理
  キー**を押す。
- 調理が終わったら、軽く混ぜ
  て味をなじませる。

保存のめやす

冷蔵で **3〜4** 日

BEFORE ➡ **AFTER**

調理時間 15分 ブロッコリーとミニトマトのマリネ

ブロッコリーに火を通してから、ミニトマトとお酢を
加えるのがポイント。彩りのきれいなデリ風の一品です!

調理キー

メニュー ▶ カテゴリー ▶ ゆで物 ▶ ブロッコリー
HT99B　HT24B　HT16E　自動 ▶ ゆで物 3-2
HT99A　自動 ▶ 野菜ゆで 3-2

まぜ技
ユニット

材料

ブロッコリー … 1株(200g)
ミニトマト … 10個
にんにくの薄切り … 1片分
オリーブオイル … 大さじ2
塩 … 小さじ½
酢 … 大さじ2

つくり方

準備

- ブロッコリー ➡ 小房に分ける。茎は皮をむき、5mm厚さに切る。
- ミニトマト ➡ 半分に切る。

調理

- 内鍋にブロッコリーを入れ、にんにくを散らす。
- オリーブオイルをまわしかけ、塩をまんべんなくふり、**調理キー**を押す。
- 調理が終わったら、ミニトマトを入れ、酢を加えて混ぜる。

保存のめやす
冷蔵で **3~4** 日

BEFORE

AFTER

調理時間
20分

ブロッコリーのミルク煮

やわらかくなるまでコトコト煮込んだブロッコリーは
やさしい味。パスタを加えて味わうのもおすすめです。

調理キー

メニュー ▶ カテゴリー ▶ 煮物 ▶ 野菜 ▶ かぼちゃの煮物
HT99B　**HT24B**　**HT16E**　自動 ▶ 煮物 2-3
HT99A　自動 ▶ 煮物 1-2

材料

ブロッコリー … 1株 (200g)
ベーコン … 3枚 (60g)
牛乳 … 200mℓ
塩 … 小さじ1
白こしょう … 適量

つくり方

準備

- ブロッコリー ➡ 小房に分ける。茎は皮をむき、5mm厚さに切る。
- ベーコン ➡ 5mm幅に切る。

調理

- 内鍋にブロッコリー、ベーコン、牛乳の順に入れ、塩をまんべんなくふり、**調理キー**を押す。
- 調理が終わったら、白こしょうを加えて混ぜる。

保存のめやす

冷蔵で **2~3**日

BEFORE　　　　AFTER

調理時間 **20**分

小松菜と厚揚げの煮びたし

小松菜の茎と厚揚げにしっかり煮汁がしみるまで煮て、
葉はあと混ぜにするのがコツ。ホッとする味わいです。

調理キー

メニュー ▶ カテゴリー ▶ 煮物 ▶ 野菜 ▶ かぼちゃの煮物
HT99B　HT24B　HT16E　自動 ▶ 煮物 2-3
HT99A　自動 ▶ 煮物 1-2

保存のめやす
・・・・・・・・・・
冷蔵で **2~3** 日

材料

小松菜 … 1束（250g）

厚揚げ … 1枚（150g）

A　めんつゆ（3倍濃縮）… 大さじ4

酒 … 小さじ1

水 … 100mℓ

つくり方

準備

- 小松菜 ➡ 4cm長さに切り、葉と茎を分ける。
- 厚揚げ ➡ キッチンペーパーで油と水分をおさえて、12等分に切る。
- A ➡ 混ぜ合わせる。

調理

- 内鍋に厚揚げ、小松菜の茎の順に入れ、Aをまわし入れて**調理キー**を押す。
- 調理が終わったら、すぐに小松菜の葉をのせてふたを閉め、余熱で3分ほどおく。最後に軽く混ぜて味をなじませる。

BEFORE　　　　AFTER

調理時間 **10分**

小松菜とカニカマのごま和え

「ほうれん草・小松菜」キーを使えば、小松菜をゆでるのが
すごく気楽。香ばしいごま和えも、手早くつくれます！

小松菜

調理キー

メニュー ▶ カテゴリー ▶ ゆで物 ▶ ほうれん草・小松菜
HT99B　HT24B　HT16E　自動 ▶ ゆで物 3-1
HT99A　自動 ▶ 野菜ゆで 3-1

まぜ技
ユニット

材料

小松菜 … 1束 (250g)

カニカマ … 6本

A　しょうゆ … 小さじ1½

　　砂糖 … 小さじ1

白すりごま … 大さじ2

つくり方

準備

- 小松菜 ➡ 4cm長さに切り、
  葉と茎を分ける。ボウルに水
  をはってひたす。

- カニカマ ➡ 粗くほぐす。

- A ➡ 混ぜ合わせる。

調理

- 内鍋に水気をきらずに小松
  菜の茎、葉の順に入れ、**調理
  キー**を押す。

- 調理が終わったら鍋底の水分
  を捨て、カニカマ、A、白すりご
  まを加えて和える。

保存のめやす

冷蔵で **2~3**日

BEFORE　　　　AFTER

49

小松菜とえのきの中華マリネ

小松菜にえのきたけを加えることで、旨味も食感の良さも
ボリュームもアップ！ まろやかな酸味で箸休めにぴったり。

調理キー

メニュー ▶ カテゴリー ▶ ゆで物 ▶ ほうれん草・小松菜
HT99B　HT24B　HT16E　自動 ▶ ゆで物 3-1
HT99A　自動 ▶ 野菜ゆで 3-1

まぜ技
ユニット

保存のめやす

冷蔵で **3~4** 日

BEFORE

↓

AFTER

材料

小松菜 … 1束（250g）

えのきたけ … 1パック（200g）

鶏ガラスープの素（顆粒）、ごま油
　… 各大さじ1

塩 … 小さじ½

砂糖 … 少々

酢 … 大さじ2

つくり方

準備

- 小松菜 ➡ 4cm長さに切り、葉と茎を分ける。

- えのきたけ ➡ 長さを2等分に切る。

調理

- 内鍋に小松菜の茎を入れ、えのきたけをのせる。ごま油をまわしかけ、鶏ガラスープの素、塩、砂糖をまんべんなくふる。

- 小松菜の葉をのせ、**調理キー**を押す。

- 調理が終わったら、酢を加えて混ぜる。

小松菜とパプリカのオイスター炒め

ほろ苦い小松菜と甘味のあるパプリカは名コンビ！
先にサラダ油でコーティングしてから加熱するのがコツ。

調理キー

メニュー ▶ カテゴリー ▶ ゆで物 ▶ ほうれん草・小松菜
HT99B　HT24B　HT16E　自動 ▶ ゆで物 3-1
HT99A　自動 ▶ 野菜ゆで 3-1

まぜ技
ユニット

材料

小松菜 … 1束 (250g)
パプリカ … 1個
サラダ油 … 大さじ1
オイスターソース … 大さじ1
しょうゆ … 小さじ¼
白こしょう … 少々

つくり方

準備

- 小松菜 ➡ 4cm長さに切り、葉と茎を分ける。
- パプリカ ➡ 縦に5mm幅の細切りにする。

調理

- 内鍋に小松菜の茎、葉、パプリカの順に入れ、サラダ油をからめる。
- オイスターソース、しょうゆをまわし入れて**調理キー**を押す。
- 調理が終わったら、白こしょうをふって混ぜる。

保存のめやす
冷蔵で **4~5** 日

BEFORE　　　　AFTER

もやしのザーサイ炒め

調理時間 **10**分

粗くきざんだザーサイは、味つけにも役立つ優れもの。
「ほうれん草・小松菜」キーで、もやしがシャキッ!

調理キー

メニュー ▶ カテゴリー ▶ ゆで物 ▶ ほうれん草・小松菜
HT99B　HT24B　HT16E　自動 ▶ ゆで物 3-1
HT99A　自動 ▶ 野菜ゆで 3-1

まぜ技
ユニット

保存のめやす
冷蔵で **4~5** 日

材料

もやし … 1袋 (200g)
ザーサイ … 20g
ごま油 … 大さじ½
塩 … 小さじ½

つくり方

準備

- もやし ➡ 長いひげ根を取る。
- ザーサイ ➡ 粗みじん切りにする。

調理

- 内鍋にもやしを入れ、ごま油をまわしかけ、塩をまんべんなくふる。ザーサイを散らし、**調理キー**を押す。
- 調理が終わったら、軽く混ぜて味をなじませる。

BEFORE　AFTER

もやしの春雨サラダ

わざわざ春雨を水でもどさなくても、もやしの水分で
蒸しながら加熱すればOK！ つるつるシャキシャキ！

調理キー

メニュー ▶ カテゴリー ▶ ゆで物 ▶ ブロッコリー
HT99B　HT24B　HT16E　自動 ▶ ゆで物 3-2
HT99A　自動 ▶ 野菜ゆで 3-2

まぜ技
ユニット

材料

もやし … 1袋（200g）

にんじん … 1/3 本（50g）

春雨（乾燥）… 40g

ハム … 4枚

A　しょうゆ、砂糖、ごま油 … 各大さじ1
　　鶏ガラスープの素（顆粒）… 小さじ1
　　水 … 大さじ3

酢 … 大さじ2

白いりごま … 大さじ1

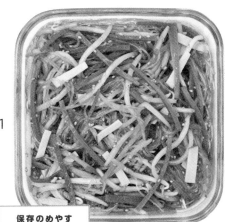

保存のめやす

冷蔵で **2~3** 日

つくり方

準備

- もやし ➡ 長いひげ根を取る。
- にんじん ➡ せん切りにする。
- 春雨 ➡ 食べやすい長さにハサミで切る。
- ハム ➡ 3cm長さの細切りにする。
- A ➡ 混ぜ合わせる。

調理

- 内鍋ににんじん、春雨、もやしの順に入れる。
- Aをまわし入れて**調理キー**を押す。
- 調理が終わったら酢を加えて混ぜ、ハム、白いり
ごまも混ぜる。

BEFORE

AFTER

カレーベーコンもやし

調理時間 10分

あっさり味のもやしがスパイシーでパンチのきいた
常備菜に大変身！　ベーコンの脂でコクのある味に！

調理キー

メニュー ▶ カテゴリー ▶ ゆで物 ▶ ほうれん草・小松菜
HT99B　HT24B　HT16E　自動 ▶ ゆで物 3-1
HT99A　自動 ▶ 野菜ゆで 3-1

まぜ技ユニット

保存のめやす
冷蔵で **2~3** 日

材料

もやし … 1袋(200g)
ベーコン … 2枚(40g)
カレー粉 … 小さじ1
塩 … 小さじ⅓

つくり方

準備

- もやし ➡ 長いひげ根を取る。
- ベーコン ➡ 5mm幅に切る。

調理

- 内鍋にもやし、ベーコンの順に入れる。
- カレー粉、塩をまんべんなくふり、**調理キー**を押す。
- 調理が終わったら、軽く混ぜて味をなじませる。

BEFORE　AFTER

担担もやし

「担担麺」の肉みそ＋もやしの強力タッグ！
豆板醤入りのピリ辛味で、ごはんが進むこと間違いなし！

調理キー

メニュー ▸ カテゴリー ▸ 煮物 ▸ 肉 ▸ 豚バラ大根
HT99B　HT24B　HT16E　自動 ▸ 煮物 2-14
HT99A　自動 ▸ 煮物 1-20（15分）

まぜ技
ユニット

材料

もやし … 1袋（200g）
豚ひき肉 … 100g
A　にんにくのみじん切り … 1片分
　　しょうがのみじん切り … 1かけ分
　　みそ、酒 … 各大さじ1
　　しょうゆ … 大さじ½
　　豆板醤 … 小さじ1

つくり方

（準備）

- もやし ➡ 長いひげ根を取る。
- 豚肉 ➡ A をもみ込む。

（調理）

- 内鍋にもやし、豚肉（もみ込んだ A の残りも）の順に入れ、**調理キー**を押す。
- 調理が終わったら、豚肉をほぐしながら混ぜる。

保存のめやす
冷蔵で **2〜3**日

BEFORE　　　　　　　AFTER

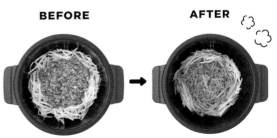

つくりおき活躍ごはん❷

肉おかずをプラスして
定食スタイルの晩ごはん

見てください、このバランスのとれた定食スタイルの晩ごはん。イ
チからつくって品数をそろえるのは大変ですが、副菜をつくりおき
しておけば、メインおかずを用意するだけ！ ここで紹介する「豚の
しょうが焼き風」も、材料をホットクックに入れてスイッチを押す
だけ！ 副菜を盛りつけている間にできあがってしまいます。こん
なふうにつくりおきおかずを活躍させれば、忙しい日でも野菜たっ
ぷりの食卓を調えることができそうです。

MENU

つくりおきにプラス！ レシピ

❶ 豚のしょうが焼き風 （58 ページ）

❷ ふろふき大根 （68 ページ）

❸ 小松菜とパプリカのオイスター炒め （51 ページ）

❹ じゃこ大豆 （111 ページ）

つくりおきにプラス！ レシピ

❺ 即席みそ汁 （58 ページ）

❻ ごはん

つくりおきにプラス！ レシピ

調理時間 20分

豚肉のしょうが焼き風

焼かなくても味はしっかりしょうが焼き。つくりおきもOK！

調理キー

メニュー ▸ カテゴリー ▸ 煮物 ▸ 魚介 ▸ さばのみそ煮
HT99B　HT24B　HT16E　自動 ▸ 煮物 2-10
HT99A　自動 ▸ 煮物 1-9

保存のめやす
冷蔵で **2~3** 日

材料 （2~3人分）

豚ロースしょうが焼き用 … 6枚
玉ねぎ … ½個
薄力粉 … 適量
A　しょうゆ … 大さじ1½
　　酒、みりん … 各大さじ1
　　砂糖、しょうがのしぼり汁
　　　… 各小さじ1

つくり方

準備

- 玉ねぎ ➡ 繊維を断つように、薄切りにする。
- 豚肉 ➡ 豚肉を筋切りし、薄力粉を薄くまぶして、Aをからめる。

調理

- 内鍋に玉ねぎ、豚肉（からめたAの残り汁も）の順に入れ、**調理キー**を押す。
- 調理が終わったら、軽く混ぜて味をなじませる。

即席みそ汁 ※このレシピはホットクックを使いません。

お椀にお湯を注ぐだけで、あっという間にできあがり！

材料 （1人分）

みそ … 小さじ2
かつお節 … 1g
わかめ（乾燥） … 小さじ1
好みの麩 … 2個

つくり方

調理

- すべての材料を器に入れ、熱湯200㎖（分量外）を注ぎ、よく混ぜる。

「根の野菜」の
つくりおき

火を通すのに時間がかかる「根菜」は、
ホットクックが大得意な野菜です！

じゃがいもやさつまいもはホクホク。

ぶ厚い大根は、スッとお箸が入るくらいにやわらか。

にんじんやごぼうも、歯ごたえをほどよく残しながら、
しっかり味がしみた仕上がりに。

かぶは火が通りやすく、逆に煮くずれしがちですが、
ホットクックなら加熱しすぎる心配もありません。

つくりおきのレパートリーを増やして、
根菜料理のおいしさを楽しみましょう！

調理時間 25分

クリームチーズのポテトサラダ

マヨネーズを使わず、クリームチーズで和えるので
まろやかでコクのある味。具材をアレンジしても！

じゃがいも

調理キー

メニュー ▶ カテゴリー ▶ ゆで物 ▶ いも・かぼちゃ
HT99B　HT24B　HT16E　自動 ▶ ゆで物 3-4
HT99A　自動 ▶ 野菜ゆで 3-4

まぜ技
ユニット

保存のめやす

冷蔵で **2~3** 日

材料

じゃがいも … 3~4個（400g）
クリームチーズ … 80g
ハム … 5枚
パセリのみじん切り … 大さじ2
塩 … 小さじ1/3
黒こしょう … 適量

つくり方

準備

- じゃがいも ➡ 小さめのひと
  口大に切り、軽く水にさらす。
- ハム ➡ 2cm長さの細切りに
  する。

調理

- 内鍋にじゃがいも、水大さじ3
  （分量外）を入れ、**調理キー**を
  押す。
- 調理が終わったら、熱いうち
  にクリームチーズを入れ、じゃ
  がいもを和える。ハム、パセリ
  を混ぜて、塩、黒こしょうで味
  を調える。

BEFORE　　　**AFTER**

調理時間
10分

じゃがいもの中華風せん切り炒め

じゃがいもをせん切りにすることで生まれる、なんとも
いえない食感! 酢を加えることで味がしまります。

じゃがいも

調理キー

メニュー ▶ カテゴリー ▶ ゆで物 ▶ ほうれん草・小松菜
HT99B **HT24B** **HT16E** **自動** ▶ ゆで物 3-1
HT99A **自動** ▶ 野菜ゆで 3-1

まぜ技
ユニット

材 料

じゃがいも (メークイン) … 3〜4個 (400g)
サラダ油 、鶏ガラスープの素 (顆粒)、酢
　… 各大さじ1
塩 … 2つまみ

つくり方

準 備

- じゃがいも ➡ 極細のせん切
りにして10分ほど水にさらし、
しっかり水気をきる。

調 理

- 内鍋にじゃがいもを入れ、サ
ラダ油をからめる。鶏ガラスー
プの素をまんべんなくふり、
調理キーを押す。

- 調理が終わったら、酢を加え
て混ぜ、塩をまんべんなくふっ
て味を調える。

保存のめやす

冷蔵で **3〜4** 日

BEFORE　　　　**AFTER**

調理時間 35分 じゃがいものみそかんぷら風

揚げたじゃがいもにみそと砂糖をからめた福島の郷土料理
「みそかんぷら」をアレンジ。甘辛みそ味がたまらない!

調理キー

メニュー ▶ カテゴリー ▶ 煮物 ▶ 肉 ▶ 肉じゃが
HT99B　HT24B　HT16E　自動 ▶ 煮物 2-1
HT99A　自動 ▶ 煮物 1-1

まぜ技
ユニット

材料

じゃがいも … 3〜4個 (400g)

ごま油 … 大さじ1

A みそ、水 … 各大さじ2
　 砂糖、みりん … 各大さじ1

つくり方

準備

- じゃがいも ➡ 皮つきのまま、4等分に切る。
- A ➡ 混ぜ合わせる。

調理

- 内鍋にじゃがいもを入れ、ごま油をからめる。
- Aをまわし入れて**調理キー**を押す。

保存のめやす

冷蔵で **4〜5** 日

BEFORE　　　　AFTER

調理時間
25分

マッシュポテト

ハンバーグやポークソテーなど、肉料理のつけ合わせに
ぴったり。衣をつけて揚げれば、コロッケにも!

調理キー

メニュー ▶ カテゴリー ▶ **ゆで物** ▶ **いも・かぼちゃ**
HT99B　**HT24B**　**HT16E**　自動 ▶ ゆで物 3-4
HT99A　自動 ▶ 野菜ゆで 3-4

まぜ技
ユニット

材料

じゃがいも … 3〜4個 (400g)
バター … 25g
牛乳 … 大さじ2
塩 … 小さじ¼
白こしょう … 適量

つくり方

準備

- じゃがいも ➡ 小さめのひと
  口大に切り、軽く水にさらす。

調理

- 内鍋にじゃがいも、水大さじ3
  (分量外)を入れ、**調理キー**を
  押す。

- 調理が終わったら、マッシャー
  などでじゃがいもをつぶし、熱
  いうちにバターを混ぜる。牛
  乳を加えて混ぜ、なめらかに
  なったら、塩、白こしょうで味
  を調える。

保存のめやす

冷蔵で **2〜3** 日

BEFORE　　　　　**AFTER**

調理時間 **20**分

にんじんのナムル

酢をほんのりきかせた、シンプルなナムル。
きれいなオレンジ色は、お弁当の彩りにも便利です。

調理キー

メニュー ▶ カテゴリー ▶ 煮物 ▶ 肉 ▶ 豚バラ大根
HT99B　**HT24B**　**HT16E**　自動 ▶ 煮物 2-14
HT99A　自動 ▶ 煮物 1-20 (15分)

まぜ技ユニット

保存のめやす

冷蔵で **4~5**日

材 料

にんじん … 2本 (300g)
ごま油 … 大さじ1
塩 … 小さじ 2/3
酢 … 大さじ 1/2
白いりごま … 大さじ2

つくり方

準 備

- にんじん ➡ 4cm長さのせん
  切りにする。

調 理

- 内鍋ににんじんを入れる。
- ごま油をまわしかけ、塩をまん
  べんなくふり、**調理キー**を押す。
- 調理が終わったら、酢、白い
  りごまを混ぜる。

BEFORE　　　　**AFTER**

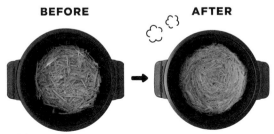

調理時間
20分

にんじんとツナの炒め煮

にんじんとツナの組み合わせで、ごはんが進む常備菜。
短冊切りにすることで、ほどよい食感が残ります。

調理キー

メニュー ▸ カテゴリー ▸ 煮物 ▸ 肉 ▸ 豚バラ大根
HT99B　HT24B　HT16E　自動 ▸ 煮物 2-14
HT99A　自動 ▸ 煮物 1-20 (15分)

まぜ技
ユニット

材料

にんじん … 2本 (300g)

ツナ (缶) … 小1缶 (70g)

ごま油 … 大さじ1

A　しょうゆ、酒 … 各大さじ1½
　　水 … 大さじ2

つくり方

準備

- にんじん ➡ 4cm長さ、3mm厚さの短冊切りにする。
- ツナ ➡ 軽く缶汁をきる。
- A ➡ 混ぜ合わせる。

調理

- 内鍋ににんじんを入れ、ごま油をまわしかけ、ツナをのせる。
- Aをまわし入れて**調理キー**を押す。

保存のめやす

冷蔵で **2〜3** 日

BEFORE　　　　**AFTER**

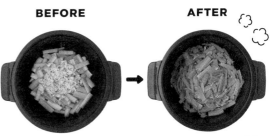

65

調理時間 **20**分

にんじんとちくわのきんぴら

定番のきんぴらも、にんじんを半月切りにすると新鮮。
やや厚めに切るのが、おいしく仕上げるコツです。

調理キー

メニュー ▶ カテゴリー ▶ 煮物 ▶ 肉 ▶ 豚バラ大根
HT99B　HT24B　HT16E　自動 ▶ 煮物 2-14
HT99A　自動 ▶ 煮物 1-20（15分）

まぜ技
ユニット

材 料

にんじん … 2本（300g）

ちくわ … 2本

A　しょうゆ … 大さじ2

　　酒、みりん … 各大さじ1

ごま油 … 大さじ½

つくり方

準 備

- にんじん ➡ 5mm厚さの半月
  切りにする。

- ちくわ ➡ 5mm厚さの輪切りに
  する。

- A ➡ 混ぜ合わせる。

調 理

- 内鍋ににんじんを入れ、ごま
  油をまわしかけ、ちくわをのせ
  る。

- Aをまわし入れて**調理キー**を
  押す。

保存のめやす

冷蔵で **2~3** 日

BEFORE　　　　AFTER

リボンにんじんのおひたし

ピーラーを使って薄くリボン状にスライスしたにんじんを
サッと煮るだけ！ 食べやすさがアップします。

調理キー

メニュー ▶ カテゴリー ▶ ゆで物 ▶ ほうれん草・小松菜
HT99B　HT24B　HT16E　自動 ▶ ゆで物 3-1
HT99A　自動 ▶ 野菜ゆで 3-1

まぜ技
ユニット

材料

にんじん … 2本（300g）
A　しょうゆ … 大さじ2
　　酒、みりん … 小さじ1
　　水 … 100㎖

つくり方

準備

- にんじん ➡ ピーラーでリボン
  状にスライスする。
- A ➡ 混ぜ合わせる。

調理

- 内鍋ににんじんを入れ、A を
  まわし入れて**調理キー**を押す。
- 調理が終わったら、軽く混ぜ
  て味をなじませる。

保存のめやす

冷蔵で 4〜5 日

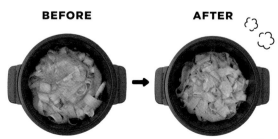

BEFORE　　　　　AFTER

ふろふき大根

コトコト煮て甘みを増した大根は、スッとお箸が入る
やわらかさ。コクのあるみそダレをかけてめしあがれ！

調理キー

メニュー ▶ カテゴリー ▶ 煮物 ▶ おでん ▶ おでん
HT99B HT24B HT16E 自動 ▶ 煮物 2-12
HT99A 自動 ▶ 煮物 1-4

保存のめやす

冷蔵で **4～5** 日

BEFORE　　　　　AFTER

材料

大根 … ½ 本 (500g)

だし昆布 … 10㎝

A **みそダレ**
　みそ、酒、みりん
　　… 各大さじ2
　砂糖 … 大さじ1⅓

つくり方

準備

- 大根 ➡ 3㎝厚さに切り、好みで面取りする。
- A ➡ 耐熱容器で混ぜ合わせ、ラップをかける。

調理

- 内鍋に昆布、大根の順に入れ、水(分量外)をひたひたになるくらいまで加えて**調理キー**を押す。
- Aを電子レンジ(600W)で3分ほど加熱する。食べるときにかける。

調理時間
20分

大根の甘みそ炒め

一見、地味なおかずほど、ごはんによく合うんです。
ほんのりごま油をきかせた、甘いみそ味がたまらない!

調理キー

メニュー ▶ カテゴリー ▶ 煮物 ▶ 肉 ▶ 豚バラ大根
HT99B　HT24B　HT16E　自動 ▶ 煮物 2-14
HT99A　自動 ▶ 煮物 1-20 (15分)

まぜ技
ユニット

材料

大根 … 1/3 本 (350g)

長ねぎ … 1/2 本

A　みそ … 大さじ2
　　酒、みりん、砂糖 … 各大さじ1
　　しょうゆ、ごま油 … 各小さじ1

つくり方

【 準備 】

- 大根 ➡ 4cm長さ、5mm厚さ
　の短冊切りにする。
- 長ねぎ ➡ 5mm厚さの斜め切
　りにする。
- A ➡ 混ぜ合わせる。

【 調理 】

- 内鍋に長ねぎ、大根の順に
　入れ、Aをまわし入れて**調理
　キー**を押す。

保存のめやす
冷蔵で **4～5** 日

BEFORE　　　　**AFTER**

調理時間 35分

大根と厚揚げのうま煮

大根の芯まで味がしみしみ。だしを加えなくても
コクのある味わいになるのは、厚揚げの旨味のおかげ。

大根

調理キー

メニュー ▸ カテゴリー ▸ 煮物 ▸ 肉 ▸ 肉じゃが
HT99B　HT24B　HT16E　自動 ▸ 煮物 2-1
HT99A　自動 ▸ 煮物 1-1

まぜ技
ユニット

保存のめやす

冷蔵で **2~3**日

材料

大根 … 1/3 本 (350g)

厚揚げ … 1枚 (150g)

A　しょうゆ … 大さじ2 1/2
　　砂糖、酒 … 各大さじ1
　　みりん … 大さじ 1/2
　　水 … 50㎖

つくり方

準備

- 大根 ➡ 小さめの乱切りにする。
- 厚揚げ ➡ 12等分に切る。
- A ➡ 混ぜ合わせる。

調理

- 内鍋に大根、厚揚げの順に入れ、Aをまわし入れて**調理キー**を押す。

BEFORE　　　　AFTER

調理時間
15分

大根と塩昆布のマリネ

シャクッと歯ごたえが残る程度に加熱した大根は、
ひと味違うおいしさ。塩昆布×レモンとの相性もベスト!

大根

調理キー

メニュー ▶ **カテゴリー** ▶ **ゆで物** ▶ **ブロッコリー**

| **HT99B** | **HT24B** | **HT16E** | 自動 ▶ ゆで物 3-2 |
| **HT99A** | 自動 ▶ 野菜ゆで 3-2 |

まぜ技
ユニット

材料

大根 … 1/3 本 (350g)
塩昆布 … 10g
塩 … 小さじ 1/2
A　レモン汁、オリーブオイル
　　… 各大さじ 2

つくり方

（ 準備 ）

* 大根 ➡ 5mm厚さのいちょう
  切りにする。

（ 調理 ）

* 内鍋に大根を入れ、**調理キー**
  を押す。

* 調理が終わったら、塩をまん
  べんなくふってAをからめ、塩
  昆布を混ぜる。

保存のめやす

冷蔵で **4~5**日

BEFORE　　　　　　AFTER

調理時間 20分

かぶのじゃこ炒め

たっぷりのじゃこと一緒に炒めたかぶは、
お箸が進む味！ 汁気が少ないのでお弁当にもおすすめ。

まぜ技
ユニット

調理キー

メニュー ▸ カテゴリー ▸ 煮物 ▸ 肉 ▸ 豚バラ大根
HT99B　HT24B　HT16E　自動 ▸ 煮物 2-14
HT99A　自動 ▸ 煮物 1-20（15分）

保存のめやす

冷蔵で **3~4** 日

材料

かぶ … 小5個（350g）
ちりめんじゃこ … 30g
ごま油 … 大さじ1
A　しょうゆ … 大さじ1
　　みりん … 大さじ2

つくり方

準備

- かぶ ➡ 縦8等分のくし形切りにする。
- A ➡ 混ぜ合わせる。

調理

- 内鍋にかぶを入れ、ごま油をまわしかけ、ちりめんじゃこをのせる。
- Aをまわし入れて**調理キー**を押す。

BEFORE　　　**AFTER**

かぶ

かぶの梅和え

調理時間 10分

「ほうれん草・小松菜」キーでほどよいやわらかさに
火を通して、梅肉で和えるだけ。冷やすとさらに美味です。

調理キー

メニュー ▶ カテゴリー ▶ ゆで物 ▶ ほうれん草・小松菜
HT99B　HT24B　HT16E　自動 ▶ ゆで物 3-1
HT99A　自動 ▶ 野菜ゆで 3-1

まぜ技
ユニット

材料

かぶ … 小5個（350g）
みりん … 小さじ2
梅肉 … 大さじ2
塩 … 少々

つくり方

準備

- かぶ ➡ 縦半分に切り、繊維を断つように5mm厚さに切る。

調理

- 内鍋にかぶを入れ、みりんをまわし入れて**調理キー**を押す。
- 調理が終わったら、梅肉を加えて和え、塩で味を調える。

保存のめやす
冷蔵で **4~5** 日

BEFORE　　　AFTER

調理時間 20分

かぶと油揚げの煮びたし

だしを使わず、シンプルな調味料で煮てもちゃんと
おいしい！ かぶを大きめに切ると煮くずれしません。

か
ぶ

調理キー

メニュー ▶ カテゴリー ▶ 煮物 ▶ 野菜 ▶ かぼちゃの煮物
HT99B HT24B HT16E 自動 ▶ 煮物2-3
HT99A 自動 ▶ 煮物1-2

保存のめやす

冷蔵で **3~4**日

材料

かぶ … 小5個 (350g)

油揚げ … 1枚

A しょうゆ … 大さじ2

　みりん、酒 … 各大さじ1

　水 … 200㎖

つくり方

準 備

- かぶ ➡ 縦4等分のくし形切りにする。

- 油揚げ ➡ キッチンペーパーで油をおさえて5㎜幅に切る。

- A ➡ 混ぜ合わせる。

調 理

- 内鍋にかぶ、油揚げの順に入れ、Aをまわし入れて**調理キー**を押す。

BEFORE　　　　**AFTER**

かぶの鶏そぼろ煮

調理時間 **20**分

かぶが煮くずれしやすいので、「かぼちゃの煮物」キーで
混ぜずにコトコト。主菜にもなるおかずです。

調理キー

メニュー ▶ カテゴリー ▶ 煮物 ▶ 野菜 ▶ かぼちゃの煮物
HT99B　HT24B　HT16E　自動 ▶ 煮物 2-3
HT99A　自動 ▶ 煮物 1-2

材料

かぶ … 小5個（350g）

鶏ひき肉 … 150g

しょうがのせん切り … 2かけ分

A 砂糖 … 大さじ½

　 酒 … 大さじ1

　 しょうゆ … 大さじ2

つくり方

【 準備 】

- かぶ ➡ 縦4等分のくし形切りにする。
- 鶏肉 ➡ Aをもみ込む。

【 調理 】

- 内鍋にかぶ、鶏肉（もみ込んだAの残りも）、しょうがの順に入れ、**調理キー**を押す。
- 調理が終わったら、鶏肉をそぼろ状にほぐしながら混ぜる。

保存のめやす

冷蔵で **2~3** 日

BEFORE　　　　**AFTER**

75

ごぼうサラダ

ごぼうは下ゆで不要！ 「豚バラ大根」キーで炒めて
旨味を閉じ込めるから、ごぼうの味をしっかり楽しめます。

調理キー

メニュー ▶ カテゴリー ▶ 煮物 ▶ 肉 ▶ 豚バラ大根
HT99B　HT24B　HT16E　自動 ▶ 煮物 2-14
HT99A　自動 ▶ 煮物 1-20 (15分)

まぜ技
ユニット

保存のめやす
冷蔵で **2～3** 日

材料

ごぼう … 2本 (300g)

ツナ (缶) … 小1缶 (70g)

オリーブオイル … 大さじ1

塩 … 小さじ½

A　マヨネーズ … 大さじ3
　　酢 … 大さじ1
　　白こしょう … 少々

白いりごま … 適量

つくり方

準備

- ごぼう ➡ せん切りにして、軽く酢水 (分量外) にさらし、しっかり水気をきる。

- ツナ ➡ 軽く缶汁をきる。

調理

- 内鍋にごぼうを入れ、オリーブオイルをまわしかけ、塩をまんべんなくふり、**調理キー**を押す。

- 調理が終わったらツナを混ぜ、Aを加えて和える。白いりごまを混ぜる。

BEFORE　　　　　AFTER

調理時間 **15**分

リボンごぼうの中華びたし

ピーラーでリボン状にスライスすれば、かたいごぼうも
クタクタに。ごま油をきかせて香りよく仕上げます。

ごぼう

調理キー

メニュー ▶ カテゴリー ▶ ゆで物 ▶ ブロッコリー
HT99B　HT24B　HT16E　自動 ▶ ゆで物 3-2
HT99A　自動 ▶ 野菜ゆで 3-2

まぜ技
ユニット

材料

ごぼう … 2本（300g）

A　しょうゆ … 大さじ2 ½
　　砂糖、酒、ごま油 … 各大さじ1
　　水 … 100㎖

つくり方

準備

- ごぼう ➡ ピーラーでリボン
  状にスライスして、軽く酢水
  （分量外）にさらし、しっかり
  水気をきる。
- A ➡ 混ぜ合わせる。

調理

- 内鍋にごぼうを入れ、Aをま
  わし入れて**調理キー**を押す。
- 調理が終わったら、軽く混ぜ
  て味をなじませる。

保存のめやす

冷蔵で **4~5**日

BEFORE　　　　AFTER

調理時間 20分

ごぼうとベーコンの洋風きんぴら

歯ごたえのあるごぼうにベーコンの旨味がしみしみ。
ほんのりしょうゆ味で、ごはんとの相性も最高！

ごぼう

調理キー

メニュー ▶ カテゴリー ▶ 煮物 ▶ 肉 ▶ 豚バラ大根
HT99B　HT24B　HT16E　自動 ▶ 煮物 2-14
HT99A　自動 ▶ 煮物 1-20 (15分)

まぜ技
ユニット

保存のめやす

冷蔵で **2~3**日

材料

ごぼう … 2本 (300g)

ベーコン … 2枚 (40g)

オリーブオイル … 大さじ1

A　しょうゆ … 大さじ1½
　　酒 … 大さじ1
　　みりん、砂糖 … 各小さじ1

パセリのみじん切り … 大さじ2

つくり方

準備

- ごぼう ➡ 5mm厚さの斜め切りにして、軽く酢水 (分量外) にさらし、しっかり水気をきる。

- ベーコン ➡ 5mm幅に切る。

- A ➡ 混ぜ合わせる。

調理

- 内鍋にごぼうを入れてオリーブオイルをまわしかけ、ベーコンをのせる。

- Aをまわし入れ、**調理キー**を押す。

- 調理が終わったら、パセリを混ぜる。

BEFORE　　　　**AFTER**

ごぼうの柳川風

甘辛い煮汁でコトコト煮たごぼうは、しみじみと深い味。
「加熱の延長」を使えば、卵とじも手軽にできます！

調理キー

メニュー ▶ カテゴリー ▶ 煮物 ▶ 野菜 ▶ かぼちゃの煮物
HT99B　HT24B　HT16E　自動 ▶ 煮物 2-3
HT99A　自動 ▶ 煮物 1-2

材料

ごぼう … 2本（300g）

しいたけ … 2枚

溶き卵 … 2個分

A　しょうゆ … 大さじ 2 ½
　　酒、みりん、砂糖 … 各大さじ 1
　　水 … 100㎖

つくり方

準備

- ごぼう ➡ ささがきにして軽く酢水（分量外）にさらし、しっかり水気をきる。
- しいたけ ➡ 薄切りにする。
- A ➡ 混ぜ合わせる。

調理

- 内鍋にごぼう、しいたけの順に入れ、Aをまわし入れて**調理キー**を押す。
- 調理が終わったら、溶き卵をまわし入れ、加熱を3分延長する。
- 食べるときに、好みで三つ葉をのせる。

保存のめやす

冷蔵で **2~3** 日

BEFORE　　　　AFTER

調理時間 **20**分

さつまいものレモン煮

ホットクックで煮たさつまいもは、ねっとりホクホク。
レモンを加えると、さわやかな甘酸っぱさ！

調理キー

メニュー ▶ カテゴリー ▶ 煮物 ▶ 野菜 ▶ かぼちゃの煮物
HT99B　HT24B　HT16E　自動 ▶ 煮物 2-3
HT99A　自動 ▶ 煮物 1-2

保存のめやす

冷蔵で **4～5** 日

BEFORE → **AFTER**

材料

さつまいも … 2本（400g）

レモン … ½ 個

A　砂糖 … 大さじ 2

　　塩 … 少々

　　水 … 150㎖

つくり方

準備

- さつまいも ➡ 1㎝厚さの輪切りにする。水にさらして水気をきる。
- レモン ➡ 薄い輪切りにする。
- A ➡ 混ぜ合わせる。

調理

- 内鍋にさつまいも、レモンの順に入れ、Aをまわし入れて**調理キー**を押す。

調理時間
25分

さつまいもとアーモンドのサラダ

「いも・かぼちゃ」キーでさつまいもをホクホクにゆでて、
マヨネーズで和えるだけ。デリ風サラダもあっという間！

さつまいも

調理キー

メニュー ▶ カテゴリー ▶ ゆで物 ▶ いも・かぼちゃ
HT99B　HT24B　HT16E　自動 ▶ ゆで物 3-4
HT99A　自動 ▶ 野菜ゆで 3-4

まぜ技
ユニット

材料

さつまいも … 2本（400g）

アーモンドスライス（ロースト）
　… 25g

A　マヨネーズ … 大さじ3
　　塩 … 少々

つくり方

【 準 備 】

- さつまいも ➡ 2cm角に切り、
  軽く水にさらす。

【 調 理 】

- 内鍋にさつまいもを入れ、水
  大さじ3（分量外）をまわし入
  れて**調理キー**を押す。

- 調理が終わったら、Aを加え
  て和え、アーモンドを混ぜる。

保存のめやす

冷蔵で**2～3**日

BEFORE　　　　　**AFTER**

調理時間
20分

揚げない大学いも

揚げてないのに、味はまさに大学いも！ 甘辛いタレを
しっかりからめながら煮て、あのおいしさに近づけます。

調理キー

メニュー ▸ カテゴリー ▸ 煮物 ▸ 野菜 ▸ かぼちゃの煮物
HT99B　HT24B　HT16E　自動 ▸ 煮物 2-3
HT99A　自動 ▸ 煮物 1-2

保存のめやす
冷蔵で **4~5** 日

材 料

さつまいも … 2本 (400g)
サラダ油 … 大さじ1
A　しょうゆ … 大さじ1
　　砂糖、みりん … 各大さじ2
　　水 … 大さじ3
黒いりごま … 大さじ2

つくり方

準 備

- さつまいも ➡ 1.5cm厚さの半
  月切りにする。軽く水にさらし、
  しっかり水気をきる。
- A ➡ 混ぜ合わせる。

調 理

- 内鍋にさつまいもを入れ、サラ
  ダ油をからめる。
- Aをまわし入れ、**調理キー**を
  押す。
- 調理が終わったら、黒いりごま
  を混ぜる。

BEFORE

AFTER

調理時間
20分

さつまいものミルク煮

水を使わず、ミルクだけで煮たさつまいもはやさしい味。
バターをひとかけ加えることで、風味アップ！

さつまいも

調理キー				
メニュー ▶ カテゴリー ▶ 煮物 ▶ 野菜 ▶ かぼちゃの煮物				
HT99B	HT24B	HT16E	自動 ▶ 煮物 2-3	
HT99A	自動 ▶ 煮物 1-2			

材料

さつまいも … 2本 (400g)
牛乳 … 200㎖
バター … 25g
塩 … 小さじ ½

つくり方

準 備

- さつまいも ➡ 1㎝厚さのいちょう切りにする。

調 理

- 内鍋にさつまいも、牛乳、バターの順に入れ、塩をまんべんなくふり、**調理キー**を押す。
- 調理が終わったら、軽く混ぜて味をなじませる。

保存のめやす
冷蔵で **2～3日**

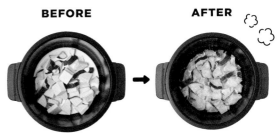

BEFORE　　　AFTER

ほぼ詰めるだけ！の
ラクラクつくりおき弁当

つくりおきおかずが大活躍するのは、なんてったってお弁当です。時間のない朝のお弁当づくりって、本当に大変。でも、おかずが何品か冷蔵庫にストックされていれば、どんなに助かることでしょう！ちなみに、このお弁当のメインおかず、「鶏もも肉のみそ照り焼き風」も、ホットクックで調理したつくりおきのできるおかずです。ぜ〜んぶつくりおきしておけば、あとは詰めるだけ。ごはんさえ炊けたら、5分で立派なお弁当のできあがり！

MENU

つくりおきにプラス！レシピ

❶ 鶏もも肉のみそ照り焼き風（86ページ）

❷ やみつきピーマン（16ページ）

❸ にんじんとちくわのきんぴら（66ページ）

❹ 卵焼き（122ページ）

❺ ミニトマト

❻ 赤じそふりかけをかけたごはん

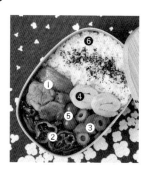

つくりおきにプラス！ レシピ

調理時間 20分

鶏もも肉のみそ照り焼き風

甘辛いみそ味がしっかりなじんだ鶏肉おかず。冷めても
おいしいのでお弁当にぴったり。つくりおきもOK！

調理キー

メニュー ▶ カテゴリー ▶ 煮物 ▶ 魚介 ▶ さばのみそ煮
HT99B　HT24B　HT16E　自動 ▶ 煮物 2-10
HT99A　自動 ▶ 煮物 1-9

保存のめやす
冷蔵で **2～3**日

材料

鶏もも肉 … 大1枚 (300g)

長ねぎ … ½ 本

A みそ、しょうゆ、みりん
　　… 各大さじ1
　　砂糖、酒 … 各大さじ ½
　　水 … 50㎖

つくり方

準備

- 長ねぎ ➡ 3cm長さに切る。
- 鶏肉 ➡ ひと口大に切る。
- A ➡ 混ぜ合わせる。

調理

- 内鍋に長ねぎを入れ、鶏肉を皮目を下にしてのせる。Aをまわし入れて**調理キー**を押す。
- 調理が終わったら、鶏肉を返して5分以上おき、余熱で味をなじませる。

PART 4

「きのこ」の
つくりおき

「きのこ」はもともと旨味がたっぷりなので、
シンプルな調味料で味つけが決まりやすい野菜です。
この章では、多彩なきのこのそれぞれのおいしさを引き出す
ホットクックレシピをご紹介します。
しめじはプリプリ、エリンギはコリコリの食感をいかして。
濃厚な香りと旨味のまいたけやしいたけは、
しっかりした味つけにきのこの味が負けません。
調味料がからみやすいえのきたけには、
あっさりした味つけが合います。
お財布にもやさしいきのこのおかずをたくさんつくって、
ぜひ冷蔵庫に常備してくださいね。

しめじのしぐれ煮

調理時間 20分

しょうがをたっぷり加えて、甘辛く煮ます。
ほかのきのこでつくっても、違ったおいしさに！

調理キー

メニュー ▶ カテゴリー ▶ 煮物 ▶ 野菜 ▶ かぼちゃの煮物
HT99B　HT24B　HT16E　自動 ▶ 煮物 2-3
HT99A　自動 ▶ 煮物 1-2

保存のめやす

冷蔵で **4～5**日

材料

しめじ … 3パック（300g）

しょうがのせん切り … 3かけ分

A　しょうゆ … 大さじ1½
　　酒、みりん … 各大さじ1
　　水 … 大さじ3

つくり方

準備

- しめじ ➡ 食べやすくほぐす。
- A ➡ 混ぜ合わせる。

調理

- 内鍋にしめじ、しょうがの順に入れ、Aをまわし入れて**調理キー**を押す。
- 調理が終わったら、軽く混ぜて味をなじませる。

BEFORE　　　　**AFTER**

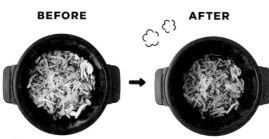

しめじのねぎ塩炒め

やみつきになること間違いなしのプリプリしめじ。
長ねぎの青い部分も使うと彩りよく仕上がります。

調理キー

| メニュー ▶ カテゴリー ▶ 煮物 ▶ 肉 ▶ 豚バラ大根 |
| HT99B   HT24B   HT16E   自動 ▶ 煮物 2-14 |
| HT99A   自動 ▶ 煮物 1-20(15分) |

まぜ技
ユニット

しめじ

材料

しめじ … 3パック(300g)
長ねぎの粗みじん切り … ½本分
酒、ごま油、鶏ガラスープの素(顆粒)
 … 各大さじ1
塩 … 少々

つくり方

準備

• しめじ ➡ 食べやすくほぐす。

調理

• 内鍋にしめじ、長ねぎの順に
 入れ、酒とごま油をまわしか
 ける。
• 鶏ガラスープの素、塩をまん
 べんなくふり、**調理キー**を押
 す。

保存のめやす

冷蔵で **4～5**日

BEFORE → AFTER

調理時間 20分

エリンギのバターしょうゆ煮

にんにく×バターしょうゆは、リピート必至の味。
厚切りにしたエリンギのコリコリ食感もいい感じ！

エリンギ

調理キー				
メニュー ▶ カテゴリー ▶ 煮物 ▶ 野菜 ▶ かぼちゃの煮物				
HT99B	HT24B	HT16E	自動 ▶ 煮物 2-3	
HT99A	自動 ▶ 煮物 1-2			

保存のめやす
冷蔵で **4~5** 日

材料

エリンギ … 3パック（300g）

にんにくの薄切り … 1片分

バター … 20g

A　酒、しょうゆ … 各大さじ1
　　水 … 100㎖

つくり方

【 準備 】

- エリンギ ➡ 縦半分に切り、2cm厚さの斜め切りにする。
- A ➡ 混ぜ合わせる。

【 調理 】

- 内鍋にエリンギ、にんにく、バターの順に入れ、Aをまわし入れて**調理キー**を押す。
- 調理が終わったら、軽く混ぜて味をなじませる。

BEFORE　　　　　**AFTER**

90

エリンギとさやいんげんのカレーマリネ

淡白なエリンギにスパイシーなカレー味がよく合います！
さやいんげんの歯ごたえも、食感のアクセントに。

調理キー					
メニュー ▶ カテゴリー ▶ 煮物 ▶ 肉 ▶ 豚バラ大根					
HT99B	HT24B	HT16E	自動 ▶ 煮物2-14		
HT99A	自動 ▶ 煮物1-20（15分）				

まぜ技
ユニット

材料

エリンギ … 3パック（300g）
さやいんげん … 1パック（100g）
オリーブオイル … 大さじ2
カレー粉 … 大さじ1
塩 … 小さじ2/3
砂糖 … 小さじ1/2
酢 … 大さじ1

つくり方

〔 準備 〕

- エリンギ ➡ 長さを2〜3等分に切ってから、5mm厚さに切る。
- さやいんげん ➡ 4cm長さに切る。

〔 調理 〕

- 内鍋にエリンギを入れ、オリーブオイルをからめ、さやいんげんをのせる。
- カレー粉、塩、砂糖をまんべんなくふって**調理キー**を押す。
- 調理が終わったら、酢を混ぜる。

保存のめやす
冷蔵で **4〜5**日

BEFORE   **AFTER**

調理時間 20分

まいたけと白滝のすき煮風

すき煮の牛肉の代わりに、まいたけをたっぷり加えて。
きのこの旨味が白滝にもしっかりしみています。

まいたけ

調理キー

メニュー ▶ カテゴリー ▶ 煮物 ▶ 野菜 ▶ かぼちゃの煮物
HT99B　HT24B　HT16E　自動 ▶ 煮物 2-3
HT99A　自動 ▶ 煮物 1-2

保存のめやす

冷蔵で **4〜5** 日

BEFORE   **AFTER**

材料

まいたけ … 2パック (200g)

長ねぎ … ½ 本

白滝 (アク抜き済み) … 1袋 (180g)

A　しょうゆ … 大さじ3
　　砂糖、酒 … 各大さじ2
　　水 … 100㎖

つくり方

準備

- まいたけ ➡ 食べやすく裂く。

- 長ねぎ ➡ 5㎜厚さの斜め切りにする。

- 白滝 ➡ 食べやすい長さに切る。

- A ➡ 混ぜ合わせる。

調理

- 内鍋に白滝、長ねぎ、まいたけの順に入れ、Aをまわし入れて**調理キー**を押す。

- 調理が終わったら、軽く混ぜて味をなじませる。

調理時間 **20分**

まいたけのベーコンソテー

ベーコンとにんにくの旨味を吸ったまいたけの
おいしさは格別！　パンに挟んでサンドイッチにしても。

調理キー				
メニュー ▶ カテゴリー ▶ 煮物 ▶ 肉 ▶ 豚バラ大根				
HT99B	HT24B	HT16E	自動 ▶ 煮物 2-14	
HT99A	自動 ▶ 煮物 1-20（15分）			

まぜ技
ユニット

材料

まいたけ … 3パック（300g）
ベーコン … 2枚（40g）
にんにくの薄切り … 1片分
オリーブオイル … 大さじ1
塩 … 小さじ 2/3
パセリのみじん切り … 大さじ2

つくり方

準備

- まいたけ ➡ 食べやすく裂く。
- ベーコン ➡ 5mm幅に切る。

調理

- 内鍋にまいたけ、にんにくの順に入れ、オリーブオイルをまわしかけ、塩をまんべんなくふる。
- ベーコンをのせ、**調理キー**を押す。
- 調理が終わったら、パセリを混ぜる。

保存のめやす

冷蔵で **2～3** 日

BEFORE → **AFTER**

調理時間 10分

えのきの塩昆布和え

えのきを酒蒸しにしてから、塩昆布で和えるだけ。
材料はたったの3つだけなのに、こんなにおいしい!

えのきたけ

調理キー

メニュー ▶ カテゴリー ▶ ゆで物 ▶ ほうれん草・小松菜
HT99B HT24B HT16E 自動 ▶ ゆで物 3-1
HT99A 自動 ▶ 野菜ゆで 3-1

まぜ技
ユニット

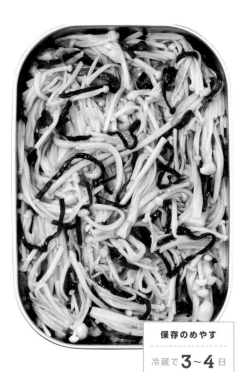

保存のめやす

冷蔵で **3〜4** 日

材料

えのきたけ … 3袋 (300g)
酒 … 大さじ2
塩昆布 … 20g

つくり方

準備

- えのきたけ ➡ 長さを半分に切る。

調理

- 内鍋にえのきたけを入れ、酒をまわし入れて**調理キー**を押す。
- 調理が終わったら、塩昆布を混ぜる。

BEFORE **AFTER**

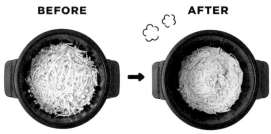

調理時間
20分

梅なめたけ

梅肉とかつお節で煮た、さっぱりした味わいのなめたけ。
みりんを加えることで、まろやかな酸味になります。

調理キー				
メニュー ▶ **カテゴリー** ▶ **煮物** ▶ **肉** ▶ **豚バラ大根**				
HT99B	**HT24B**	**HT16E**	**自動** ▶ 煮物 2-14	
HT99A	**自動** ▶ 煮物 1-20 (15分)			

まぜ技
ユニット

えのきたけ

材料

えのきたけ … 3袋 (300g)

かつお節 … 3g

A 梅肉 … 30g
みりん … 50㎖
塩 … 小さじ ½

つくり方

準備

- えのきたけ ➡ 長さを3等分
  に切る。

- A ➡ 混ぜ合わせる。

調理

- 内鍋にえのきたけ、かつお節
  の順に入れ、Aをまわし入れ
  て**調理キー**を押す。

保存のめやす
- - - - - - - - - - - - - - - -
冷蔵で **3~4** 日

BEFORE　　　　AFTER

しいたけとさやいんげんのうま煮

「森のアワビ」といわれる旨味の濃いしいたけ。
シンプルな調味料で、だしで煮たようなおいしさに!

しいたけ

調理キー

メニュー ▶ カテゴリー ▶ 煮物 ▶ 野菜 ▶ かぼちゃの煮物
HT99B　HT24B　HT16E　自動 ▶ 煮物 2-3
HT99A　自動 ▶ 煮物 1-2

保存のめやす

冷蔵で **4~5** 日

材料

しいたけ … 12枚 (300g)
さやいんげん … 1パック (100g)
A　しょうゆ … 大さじ2
　　酒、みりん … 各大さじ1
　　砂糖 … 小さじ ½
　　水 … 200㎖

つくり方

準備

- しいたけ ➡ 半分に切る。
- さやいんげん ➡ 斜め3等分に切る。
- A ➡ 混ぜ合わせる。

調理

- 内鍋にしいたけ、さやいんげんの順に入れ、Aをまわし入れて**調理キー**を押す。
- 調理が終わったら、軽く混ぜて味をなじませる。

BEFORE  **AFTER**

しいたけと厚揚げのオイマヨ炒め

オイスターソース＆マヨネーズのパンチのきいた味つけ。
メインのおかずにもなりそうな食べごたえです！

調理キー

メニュー ▸ カテゴリー ▸ 煮物 ▸ 肉 ▸ 豚バラ大根
HT99B　HT24B　HT16E　自動 ▸ 煮物2-14
HT99A　自動 ▸ 煮物1-20（15分）

まぜ技
ユニット

材料

しいたけ … 6枚（150g）
厚揚げ … 1枚（150g）
長ねぎ … ½本
A　マヨネーズ … 大さじ3
　　オイスターソース
　　　… 大さじ1½
　　砂糖 … 小さじ1

つくり方

準備

- しいたけ ➡ 4等分に切る。
- 長ねぎ ➡ 5mm厚さの斜め切り
　にする。
- 厚揚げ ➡ キッチンペーパーで
　油と水分をおさえて、12等分に
　切る。
- A ➡ 混ぜ合わせる。

調理

- 内鍋に長ねぎ、厚揚げ、しいた
　けの順に入れ、Aをまわし入
　れて**調理キー**を押す。

保存のめやす
冷蔵で **2～3**日

BEFORE　　　　　AFTER

調理時間
20分

ミックスきのこのごまみそ炒め

いろいろなきのこの味のハーモニーが絶妙！
甘辛くて香ばしいごまみそ味が、きのこによく合います。

ミックスきのこ

調理キー

メニュー ▶ カテゴリー ▶ 煮物 ▶ 肉 ▶ 豚バラ大根
HT99B　HT24B　HT16E　自動 ▶ 煮物 2-14
HT99A　自動 ▶ 煮物 1-20 (15分)

まぜ技
ユニット

保存のめやす

冷蔵で **3〜4** 日

材料

好みのきのこ … 300g
A　みそ … 大さじ2
　　酒、砂糖 … 各大さじ1
　　しょうゆ … 小さじ1
ごま油 … 大さじ1
白すりごま … 大さじ2

つくり方

準備

- きのこ ➡ 食べやすくほぐしたり、切ったり、裂いたりしておく。
- A ➡ 混ぜ合わせる。

調理

- 内鍋にきのこを入れてごま油をからめ、Aをまわし入れて**調理キー**を押す。
- 調理が終わったら、白すりごまを混ぜる。

BEFORE　　　　　　AFTER

ミックスきのこ

調理時間
20分

ミックスきのこのガーリックソテー

きのこ×にんにくの最強コンビ。ゆでたパスタと
一緒に和えて、きのこパスタにアレンジしても！

調理キー

メニュー ▶ カテゴリー ▶ 煮物 ▶ 肉 ▶ 豚バラ大根
HT99B　HT24B　HT16E　自動 ▶ 煮物 2-14
HT99A　自動 ▶ 煮物 1-20 (15分)

まぜ技
ユニット

材料

好みのきのこ … 300g
にんにくの薄切り … 2片分
オリーブオイル … 大さじ2
酒 … 大さじ1
塩 … 小さじ1
黒こしょう … 適量

つくり方

準備

- きのこ ➡ 食べやすくほぐしたり、切ったり、裂いたりしておく。

調理

- 内鍋にきのこを入れてオリーブオイルをからめ、にんにくをのせる。
- 酒をまわし入れ、塩をまんべんなくふって**調理キー**を押す。
- 調理が終わったら、黒こしょうをふって混ぜる。

保存のめやす

冷蔵で **3～4** 日

BEFORE ➡ **AFTER**

スープとパンを添えて
カフェみたいな
デリプレート

洋風のつくりおきおかずは、パンと組み合わせて楽しむのもおすすめです。こんなふうにひとつのお皿に彩りよく盛り合わせるだけで、カフェ風のおしゃれなデリプレートに変身！ ふだんの朝食やランチはもちろんのこと、おもてなしにもよろこばれそう。時間があるときはぜひ、ホットクックでスープをコトコト煮て、メニューにプラスしてみてください。定番の「ミネストローネ」なら、どんなおかずやパンとも相性抜群です。

MENU

❶ ズッキーニのオムレツ（31ページ）
❷ ごぼうとベーコンの洋風きんぴら（78ページ）
❸ キャベツのカレーマリネ（37ページ）
❹ ブロッコリーとミニトマトのマリネ（46ページ）
❺ クリームチーズのポテトサラダ（60ページ）

つくりおきにプラス！ レシピ

❻ ミネストローネ（102ページ）
❼ パン

ミネストローネ

ほっとするおいしさの定番トマトスープ。
冷蔵庫にある野菜を加えて、アレンジを楽しんで！

調理キー

メニュー ▶ カテゴリー ▶ スープ ▶ 具だくさんみそ汁
HT99B　HT24B　HT16E　自動 ▶ カレー・スープ1-5
HT99A　手動 ▶ 煮物1-1 ▶ 20分

まぜ技
ユニット

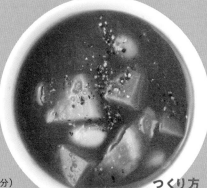

材料 （3〜4人分）

じゃがいも … 1個（100g）

にんじん … ¼本（40g）

セロリ（葉つき） … ½本

にんにく … 1片

ゆで大豆（ホットクックでゆでる方法はP108）
　… 50g

ベーコン … 2枚（40g）

A　カットトマト水煮（缶） … 1缶（400g）
　　水 … 100mℓ
　　洋風スープの素（顆粒） … 大さじ1
　　ローリエ … 1枚
　　黒こしょう … 少々

つくり方

準備

- じゃがいも、にんじん、セロリ
  の茎 ➡ 1cm角に切る。

- セロリの葉 ➡ 粗くきざむ。

- にんにく ➡ 縦半分に切り、軽
  くつぶす。

- ベーコン ➡ 5mm幅に切る。

調理

- 内鍋にじゃがいも、にんじん、
  大豆、セロリの茎、にんにく、
  ベーコン、セロリの葉、Aの順
  に入れ、**調理キー**を押す。

PART
5

と、おまけの卵

「こんにゃく・豆・乾物」の つくりおき

農産物を加工した「こんにゃく・豆・乾物」は おいしいのはもちろんのこと、健康を考えて毎日、 積極的に食べたい食材です。そのためには、 つくりおきを冷蔵庫に常備しておくのがベスト! ホットクックで調理すれば、こんにゃくを コトコト煮込んだり、大豆をじっくりゆでたり、 時間のかかる調理もほったらかし。 切り干し大根やひじきといった乾物も、もどさずに いきなりポイッと鍋に放り込んで調理できてラクチン! この章の最後におまけとして、冷蔵庫にあると重宝する 卵のつくりおきレシピもご紹介します。

こんにゃくのにんにくしょうゆ煮

調理時間 20分

こんにゃくを煮るときは、味がしみ込みやすいように
手でちぎるのがコツ。にんにくの香りが食欲をそそります。

こんにゃく

調理キー

メニュー ▶ カテゴリー ▶ 煮物 ▶ 野菜 ▶ かぼちゃの煮物
HT99B　HT24B　HT16E　自動 ▶ 煮物2-3
HT99A　自動 ▶ 煮物1-2

保存のめやす

冷蔵で **4~5** 日

材料

こんにゃく（アク抜き済み）
　　… 大1枚（350g）
にんにくの薄切り … 1片分
A　しょうゆ … 大さじ2
　　酒、みりん … 各大さじ1
　　水 … 100㎖

つくり方

準備

- こんにゃく ➡ 小さめのひと口
  大にちぎる。
- A ➡ 混ぜ合わせる。

調理

- 内鍋にこんにゃく、にんにくの
  順に入れ、Aをまわし入れて
  調理キーを押す。
- 調理が終わったら軽く混ぜ、
  煮汁にひたしたまま冷まし、
  味をなじませる。

BEFORE　　AFTER

薄切りこんにゃくの甘辛炒め

ペラペラに切ったこんにゃくの食感がユニーク！
調味料がしっかりからんで、おいしく仕上がります。

調理キー

メニュー ▶ カテゴリー ▶ 煮物 ▶ 肉 ▶ 豚バラ大根
HT99B　HT24B　HT16E　自動 ▶ 煮物 2-14
HT99A　自動 ▶ 煮物 1-20 (15分)

まぜ技
ユニット

こんにゃく

材料

こんにゃく (アク抜き済み)
　… 大1枚 (350g)
A　しょうゆ … 大さじ1½
　砂糖、酒、みりん
　　… 各大さじ½
ごま油 … 大さじ½

つくり方

準備

- こんにゃく ➡ 5mm厚さに切る。
- A ➡ 混ぜ合わせる。

調理

- 内鍋にこんにゃくを入れてごま油をからめ、Aをまわし入れて**調理キー**を押す。
- 調理が終わったら、軽く混ぜて味をなじませる。

保存のめやす

冷蔵で **4〜5**日

BEFORE　　　AFTER

調理時間
20分

手綱こんにゃく

手綱にすると断面積が増えるので、味がしみやすく
なるのがポイント。たっぷりのしょうがをきかせて。

調理キー

メニュー ▶ カテゴリー ▶ 煮物 ▶ 野菜 ▶ かぼちゃの煮物
HT99B　HT24B　HT16E　自動 ▶ 煮物 2-3
HT99A　自動 ▶ 煮物 1-2

こんにゃく

保存のめやす

冷蔵で **4〜5**日

材料

こんにゃく（アク抜き済み）
　… 大1枚（350g）
しょうがのせん切り … 2かけ分
A　酒、みりん、しょうゆ
　　　… 各大さじ1
　　塩 … 小さじ 2/3
　　水 … 200㎖

つくり方

準備

- こんにゃく ➡ 1cm厚さに切り、
  中央に切り込みを入れ、片方
  の端を穴にくぐらせて手綱に
  する。

- A ➡ 混ぜ合わせる。

調理

- 内鍋にこんにゃく、しょうがの
  順に入れ、Aをまわし入れて
  調理キーを押す。

- 調理が終わったら軽く混ぜ、
  煮汁にひたしたまま冷まし、
  味をなじませる。

BEFORE　　　　　　　**AFTER**

かんたんおでん

具材はこんにゃくとさつま揚げ、2種類だけでも味はおでん！
ねりものと一緒に煮るとだしが出て、深い味わいに。

調理キー

メニュー ▶ カテゴリー ▶ 煮物 ▶ 野菜 ▶ かぼちゃの煮物

HT99B　HT24B　HT16E　自動 ▶ 煮物 2-3

HT99A　自動 ▶ 煮物 1-2

材料

こんにゃく（アク抜き済み）
　… 大1枚（350g）

さつま揚げ … 4枚

A　酒、みりん、しょうゆ
　　… 各大さじ1
　塩 … 小さじ⅓
　水 … 200㎖

保存のめやす

冷蔵で **2~3** 日

つくり方

準備

- こんにゃく ➡ 三角形になるように8等分に切る。
- さつま揚げ ➡ 半分に切る。
- A ➡ 混ぜ合わせる。

調理

- 内鍋にこんにゃく、さつま揚げの順に入れ、Aをまわし入れて**調理キー**を押す。
- 調理が終わったら軽く混ぜ、煮汁にひたしたまま冷まし、味をなじませる。

BEFORE　　　　　　**AFTER**

107

調理時間
1時間

※3時間かかる
調理キーですが、
1時間で加熱を
止めて取り出します。

大豆

ゆで大豆

つくりおき豆料理に使う「ゆで大豆」もホットクックなら
簡単！「黒豆」キーを利用して、静かにコトコト煮ます。

調理キー
メニュー ▸ カテゴリー ▸ 煮物 ▸ 豆 ▸ 黒豆
HT99B　**HT24B**　**HT16E**　自動 ▸ 煮物 2-21
HT99A　自動 ▸ 煮物 1-13

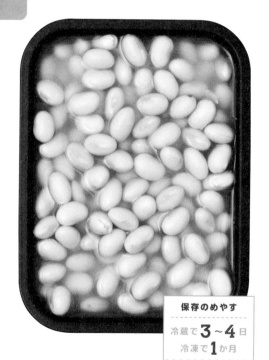

保存のめやす

冷蔵で **3~4** 日
冷凍で **1** か月

材料

大豆（乾燥）… 200g
水 … 800㎖

つくり方

(準備)

- 大豆 ➡ たっぷりの水（分量
  外）にひと晩ひたす。

(調理)

- 大豆をザルにあけて水気をき
  り、内鍋に入れる。分量の水
  を加え、**調理キー**を押す。

- 1時間たったら調理を一時停
  止してふたを開け、豆がやわ
  らかくなっていればとりけしで
  加熱を止め、できあがり。か
  たければ好みのやわらかさに
  なるまで、再び加熱を続ける。

- そのまま冷まし、ゆで汁にひ
  たしたまま保存容器に入れて
  冷蔵するか、ファスナー付き
  保存袋にゆで汁にひたるよう
  に入れて冷凍する。

BEFORE　　　　　　AFTER

\ ゆで大豆を使って /

カラフル豆サラダ

ゆで大豆ができあがったら、まずは豆サラダにするのがおすすめ！
好みの野菜でアレンジしやすいレシピです。

保存のめやす

冷蔵で **2~3** 日

※ゆで大豆を
すぐにサラダにした
場合のめやすです。

材料

ゆで大豆 (ホットクックで
ゆでる方法はP108) … 200g

ツナ (缶) … 小1缶 (70g)

セロリ … 1/2 本

パプリカ … 1/2 個

A オリーブオイル、酢
　　　… 各大さじ2

　　塩 … 小さじ1

　　砂糖、白こしょう … 各少々

つくり方

準備

- ゆで大豆 ➡ 煮汁をしっかりきる。

- ツナ ➡ 軽く缶汁をきる。

- セロリ、パプリカ ➡ 1cm角に切る。

- A ➡ 混ぜ合わせる。

調理

- ゆで大豆、ツナ、セロリ、パプリカを
　ボウルに入れ、Aを加えて和える。

調理時間 15分

大豆のオニオンカレーマリネ

ほんのり酸っぱくて、スパイシーな味！ 玉ねぎと
一緒に調理することで、カレー粉が豆によくからみます。

調理キー

メニュー ▶ カテゴリー ▶ ゆで物 ▶ ブロッコリー
HT99B　HT24B　HT16E　自動 ▶ ゆで物 3-2
HT99A　自動 ▶ 野菜ゆで 3-2

まぜ技
ユニット

保存のめやす

冷蔵で **3〜4**日

BEFORE ➡ **AFTER**

材料

ゆで大豆（ホットクックで
　ゆでる方法はP108）… 200g
玉ねぎ … ½個
パセリのみじん切り … 大さじ2
オリーブオイル … 大さじ2
カレー粉 … 小さじ2
塩 … 小さじ⅔
酢 … 大さじ2

つくり方

準備

- 玉ねぎ ➡ 繊維を断つように
  薄切りにする。

調理

- 内鍋に玉ねぎ、大豆の順に入
  れ、オリーブオイルをまわしか
  ける。

- カレー粉、塩をまんべんなく
  ふり、**調理キー**を押す。

- 調理が終わったら、酢、パセ
  リを加えて混ぜる。

調理時間 20分

じゃこ大豆

砂糖を使わず、みりんを使って甘辛く煮るので、
飽きのこない味。栄養たっぷりの豆おかずです。

調理キー

メニュー ▶ カテゴリー ▶ 煮物 ▶ 肉 ▶ 豚バラ大根
HT99B　HT24B　HT16E　自動 ▶ 煮物 2-14
HT99A　自動 ▶ 煮物 1-20（15分）

まぜ技
ユニット

大豆

材料

ゆで大豆（ホットクックで
　ゆでる方法はP108）… 200g

ちりめんじゃこ … 30g

小ねぎ … 5本

A　酒、みりん、しょうゆ
　　　… 各大さじ2

つくり方

準備

- 小ねぎ ➡ 小口切りにする。
- A ➡ 混ぜ合わせる。

調理

- 内鍋に大豆、じゃこ、小ねぎ
の順に入れ、Aをまわし入れ
て**調理キー**を押す。
- 調理が終わったら、好みで七
味唐辛子を混ぜる。

保存のめやす

冷蔵で **3〜4** 日

BEFORE　　　AFTER

大豆の中華そぼろ

豚ひき肉を少し加えることで大豆の旨味がアップして、
まるでお肉みたい!?　食べごたえがあるのにヘルシー!

調理キー

メニュー ▶ カテゴリー ▶ 煮物 ▶ 佃煮・ソース ▶ 肉みそ
HT99B　HT24B　HT16E　自動 ▶ 煮物2-19
HT99A　自動 ▶ 煮物1-21

まぜ技
ユニット

保存のめやす

冷蔵で **2~3** 日

材料

ゆで大豆（ホットクックで
　ゆでる方法はP108）… 200g

豚ひき肉 … 100g

A　長ねぎのみじん切り
　　 … 10cm分
　　しょうがのみじん切り
　　 … 2かけ分
　　しょうゆ … 大さじ1½
　　酒 … 大さじ1
　　砂糖、豆板醤 … 各小さじ1

つくり方

準備

• 豚肉 ➡ Aをもみ込む。

調理

• 内鍋に大豆、豚肉（もみ込ん
　だAの残りも）を入れて、**調
　理キー**を押す。

• 調理が終わったら、豚肉をほ
　ぐしながら混ぜる。

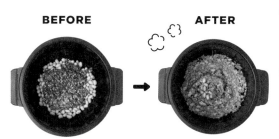

BEFORE　　　　　AFTER

おいなりさんの油揚げ

ホットクックなら、こんな定番の油揚げもほったらかしで
できあがり。だしいらずでもおいしいレシピです。

調理キー

メニュー ▶ カテゴリー ▶ 煮物 ▶ 野菜 ▶ かぼちゃの煮物
HT99B　HT24B　HT16E　自動 ▶ 煮物 2-3
HT99A　自動 ▶ 煮物 1-2

油揚げ

材料

油揚げ（いなりずし用）… 8枚
A　しょうゆ … 大さじ3
　　砂糖 … 大さじ2
　　みりん … 大さじ½
　　水 … 300㎖

つくり方

準備

- 油揚げ ➡ キッチンペーパーで
油をおさえる。
- A ➡ 混ぜ合わせる。

調理

- 内鍋に油揚げを入れ、A をまわし入れて調理キーを押す。
- 調理が終わったら油揚げを返して煮汁にひたしたまま冷まし、味がなじんだら完成。
- 冷蔵庫にひと晩おくと、しっかり味がなじむ。おいなりさんにするときは、汁気を軽く手でしぼってから、袋の中に酢飯（分量外）を詰める。

保存のめやす
冷蔵で 3〜4 日

BEFORE　　　AFTER

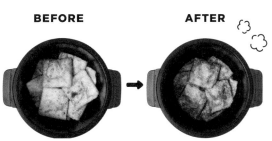

ひじきとツナのサラダ

ひじきはいわば、海の野菜。ホットクックなら
水でもどさずにゆでられるので、あとは和えるだけ！

調理キー

メニュー ▶ カテゴリー ▶ ゆで物 ▶ ブロッコリー
HT99B　HT24B　HT16E　自動 ▶ ゆで物 3-2
HT99A　自動 ▶ 野菜ゆで 3-2

まぜ技
ユニット

BEFORE

保存のめやす

冷蔵で **2~3**日

↓

AFTER

材料

芽ひじき（乾燥）… 20g

ツナ（缶）… 小1缶（70g）

玉ねぎ … ¼ 個

パセリのみじん切り … 適量

A　オリーブオイル … 大さじ4

　　酢 … 大さじ2

　　砂糖 … 小さじ½

　　塩 … 小さじ½

　　黒こしょう … 適量

つくり方

準備

- ツナ ➡ 軽く缶汁をきる。

- 玉ねぎ ➡ 繊維に沿って薄切りにし、
軽く水にさらしてから水気をきる。

- A ➡ 混ぜ合わせる。

調理

- 内鍋にひじき、水200㎖（分量外）
の順に入れて**調理キー**を押す。

- 調理が終了したら、ツナ、玉ねぎを混
ぜ、Aを加えて和える。最後にパセリ
を混ぜる。

調理時間
35分

ひじきとさやいんげんの オリーブオイル煮

海藻の風味とオリーブオイルの旨味は、意外な相性の良さ。
カリッと焼いたバゲットにのせて味わうのもおすすめ。

調理キー

メニュー ▶ カテゴリー ▶ 煮物 ▶ 乾物・こんにゃく ▶ ひじきの煮物
HT99B **HT24B** **HT16E** 自動 ▶ 煮物 2-16
HT99A 自動 ▶ 煮物 1-3

まぜ技
ユニット

ひじき

材料

芽ひじき（乾燥）… 20g

さやいんげん … 1パック（100g）

A オリーブオイル … 50mℓ
　 酒 … 小さじ1
　 塩 … 小さじ 2/3
　 水 … 150mℓ

白こしょう … 少々

つくり方

準備

- さやいんげん ➡ 斜め3等分に
切る。
- A ➡ 混ぜ合わせる。

調理

- 内鍋にひじき、さやいんげんの
順に入れ、Aをまわし入れて**調
理キー**を押す。
- 調理が終わったら、白こしょう
をふって混ぜる。

保存のめやす

冷蔵で **4~5** 日

BEFORE　　　　AFTER

調理時間 **35**分

ひじきと白滝のそぼろ煮

豚ひき肉と一緒に甘辛く煮ると、ひじきも白滝もたっぷり
食べられそう。七味唐辛子をふると、味がひきしまります。

調理キー

メニュー ▸ カテゴリー ▸ 煮物 ▸ 乾物・こんにゃく ▸ ひじきの煮物
HT99B　HT24B　HT16E　自動 ▸ 煮物 2-16
HT99A　自動 ▸ 煮物 1-3

まぜ技
ユニット

ひじき

保存のめやす

冷蔵で **2~3** 日

BEFORE　　　　**AFTER**

材料

芽ひじき（乾燥）… 10g

白滝（アク抜き済み）… 1袋（300g）

豚ひき肉 … 50g

A　しょうゆ … 大さじ2

　　砂糖、酒、みりん

　　　… 各大さじ1

七味唐辛子 … 適量

つくり方

準備

- 白滝 ➡ 食べやすい長さに切
  る。
- 豚肉 ➡ Aをもみ込む。

調理

- 内鍋にひじき、水100㎖（分
  量外）、白滝、豚ひき肉（もみ
  込んだAの残りも）の順に入
  れ、**調理キー**を押す。
- 調理が終わったら、七味唐辛
  子をふって混ぜる。

ひじきと豆苗の中華和え

シャキッとした食感の豆苗が、ひじきと絶妙な相性。
甘酸っぱい中華ダレがよく合います。

調理キー

メニュー ▶ カテゴリー ▶ ゆで物 ▶ ブロッコリー
HT99B　HT24B　HT16E　自動 ▶ ゆで物 3-2
HT99A　自動 ▶ 野菜ゆで 3-2

まぜ技
ユニット

ひじき

材料

芽ひじき (乾燥) … 10g

豆苗 … 1パック (100g)

A　酢 … 大さじ3

　　しょうゆ、砂糖 … 各大さじ1

　　ごま油 … 大さじ½

　　ラー油 (好みで) … 適量

白いりごま … 大さじ1

つくり方

【 準備 】

- 豆苗 ➡ 長さを3等分に切る。
- A ➡ 混ぜ合わせる。

【 調理 】

- 内鍋に芽ひじき、水100㎖ (分量外) を入れて**調理キー**を押す。
- 調理が終わったら、すぐに豆苗をのせてふたを閉め、余熱で3分ほどおく。
- Aを加えて和え、白いりごまを混ぜる。

保存のめやす

冷蔵で **2~3** 日

BEFORE　　　AFTER

切り干し大根と
さやいんげんのごま和え

切り干し大根はもどさず、さやいんげんと一緒に鍋に入れて、
スイッチポン！ ごま和えが手軽につくれます。

調理時間 **15**分

調理キー			
メニュー ▶ カテゴリー ▶ ゆで物 ▶ ブロッコリー			
HT99B	HT24B	HT16E	自動 ▶ ゆで物 3-2
HT99A	自動 ▶ 野菜ゆで 3-2		

まぜ技
ユニット

保存のめやす

冷蔵で **4~5** 日

BEFORE → **AFTER**

材料

切り干し大根 … 20g
さやいんげん … 1パック(100g)
A しょうゆ … 大さじ1½
　 砂糖 … 小さじ1
　 水 … 100㎖
白すりごま … 大さじ3

つくり方

(準 備)

- 切り干し大根 ➡ 食べやすい
  長さに切る。
- さやいんげん ➡ 1㎝幅の斜
  め切りにする。
- A ➡ 混ぜ合わせる。

(調 理)

- 内鍋に切り干し大根、さやい
  んげんの順に入れ、Aをまわ
  し入れて**調理キー**を押す。
- 調理が終わったら、白すりご
  まを混ぜる。

調理時間
20分

切り干し大根と
さつま揚げの煮物

さつま揚げの旨味がしみた切り干し大根が、しみじみと味わい深い！
ちくわなどほかのねりものを使っても。

切り干し大根

調理キー					
メニュー ▶ カテゴリー ▶ 煮物 ▶ 野菜 ▶ かぼちゃの煮物					
HT99B	HT24B	HT16E	自動 ▶ 煮物 2-3		
HT99A	自動 ▶ 煮物 1-2				

材料

切り干し大根 … 20g

さつま揚げ … 4枚

A　しょうゆ … 大さじ2

　　酒、みりん … 各大さじ1

　　砂糖 … 小さじ1

　　水 … 300㎖

つくり方

準備

- 切り干し大根 ➡ 食べやすい
  長さに切る。

- さつま揚げ ➡ 半分に切る。

- A ➡ 混ぜ合わせる。

調理

- 内鍋に切り干し大根、さつま
  揚げの順に入れ、Aをまわし
  入れて**調理キー**を押す。

保存のめやす

冷蔵で **2~3**日

BEFORE → AFTER

119

切り干し大根とじゃこの中華風卵炒め

切り干し大根は中華料理でも定番の食材!
加熱の延長を活用すれば、こんな卵炒めもつくれます。

調理キー

メニュー ▶ カテゴリー ▶ 煮物 ▶ 肉 ▶ 豚バラ大根
HT99B　HT24B　HT16E　自動 ▶ 煮物 2-14
HT99A　自動 ▶ 煮物 1-20 (15分)

まぜ技ユニット

保存のめやす

冷蔵で **2~3** 日

BEFORE

AFTER

材料

切り干し大根 … 30g

小ねぎ … 5本

ちりめんじゃこ … 30g

ごま油 … 大さじ1

A　しょうゆ、砂糖、酒 … 各大さじ1
　　水 … 130㎖

溶き卵 … 2個分

つくり方

準備

- 切り干し大根 ➡ 食べやすい長さに切る。
- 小ねぎ ➡ 4㎝長さに切る。
- A ➡ 混ぜ合わせる。

調理

- 内鍋に小ねぎ、切り干し大根、ちりめんじゃこを入れる。
- ごま油をまわしかけ、Aをまわし入れて**調理キー**を押す。
- 調理が終わったら、すぐに溶き卵をまわし入れ、加熱を3分延長する。できあがったら、軽く混ぜて卵をほぐす。

調理時間
20分

切り干し大根と
にんじんのピリ辛炒め

豆板醤の旨味と辛味がきいた、ごはんに合うおかず。
素朴な切り干し大根に異国風の味つけが合います。

調理キー
メニュー ▶ カテゴリー ▶ 煮物 ▶ 肉 ▶ 豚バラ大根
HT99B　HT24B　HT16E　自動 ▶ 煮物 2-14
HT99A　自動 ▶ 煮物 1-20 (15分)

まぜ技
ユニット

切り干し大根

材料

切り干し大根 … 40g
にんじん … 1/4本 (40g)
サラダ油 … 大さじ1
A　しょうゆ … 大さじ1 1/2
　　砂糖、酒 … 各大さじ1
　　豆板醤 … 小さじ1
　　水 … 100㎖

つくり方

【 準備 】

- 切り干し大根 ➡ 食べやすい
  長さに切る。
- にんじん ➡ せん切りにする。
- A ➡ 混ぜ合わせる。

【 調理 】

- 内鍋に切り干し大根、にんじ
  んの順に入れ、サラダ油をま
  わしかける。
- Aをまわし入れ、**調理キー**を
  押す。

保存のめやす
冷蔵で **4〜5**日

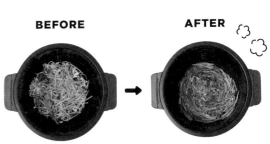
BEFORE　　　　　AFTER

保存のめやす
冷蔵で **2~3** 日

卵焼き

調理時間 20分

しっとりした絶妙な食感の卵焼き。いろいろな調理キーを
試して、「かぼちゃの煮物」キーが一番おいしく焼けました。

調理キー

メニュー ▶ カテゴリー ▶ 煮物 ▶ 野菜 ▶ かぼちゃの煮物
HT99B　HT24B　HT16E　自動 ▶ 煮物2-3
HT99A　自動 ▶ 煮物1-2

材料

卵 … 3個

A 砂糖 … 大さじ3

　 塩 … 少々

※2.4ℓタイプは内鍋がやや大きいですが、同じ分量でつくってください。

つくり方

準備

- 卵 ➡ しっかり溶き、Aを加えて砂糖が溶けるまで混ぜる。

調理

- 内鍋にオーブンシートを敷き、卵液を流し入れ、**調理キー**を押す。

- 調理が終わったら、オーブンシートごと取り出す。

- 温かいうちにシートをいかして卵をくるっと巻き、両端をリボン状にひねってキャンディ包みにする。卵がしっかりかたまるまで冷まし、好みの厚さに切る。

\キャンディ包みに！/

BEFORE → **AFTER**

調理時間
1 時間

とろとろ温泉卵

ホットクックに設定されている「温泉卵」キーよりも
黄身がとろっと流れる仕上がり。好みでつくり分けてみて!

調理キー

手動 ▶ 発酵・低温調理をする ▶ 65℃ ▶ 1時間
HT99B　HT24B　HT16E　手動 ▶ 6発酵 ▶ 65℃ ▶ 1時間
HT99A　手動 ▶ 5発酵 ▶ 65℃ ▶ 1時間

卵

材料

卵 (冷蔵庫から出したてのもの) … 1〜6個

※2.4ℓタイプは8個まで調理可能。

つくり方

[調理]

- 内鍋に卵、かぶるくらいの水
  (分量外)を入れ、**調理キー**を
  押す。
- 調理が終わったら、すぐに冷
  水にひたして冷ます。

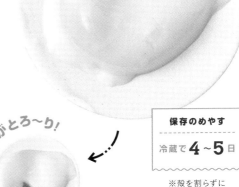

黄身がとろ〜り!

保存のめやす

冷蔵で **4〜5** 日

※殻を割らずに
保存します。

BEFORE　　　　　　AFTER

調理時間 15分

味つけ卵 しょうゆ味

「ゆで卵」キーで調理した卵を、薄めたしょうゆに
漬け込むだけ。お弁当や麺類のトッピングに重宝します！

調理キー

メニュー ▶ カテゴリー ▶ ゆで物 ▶ ゆで卵
HT99B　　**HT24B**　　**HT16E**　　自動 ▶ ゆで物 3 - 9（HT24Bは12分）
HT99A　　自動 ▶ 蒸し物 2 - 4（20分）

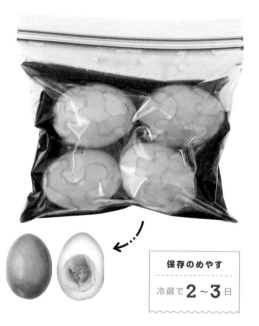

保存のめやす

冷蔵で **2~3** 日

材料

卵（冷蔵庫から出したてのもの）… 4個

A　しょうゆ … 大さじ2
　　水（煮沸済み）… 100㎖

つくり方

準備

- A ➡ 混ぜ合わせる。

調理

- 内鍋に卵、水100㎖（分量外。HT99Aの場合はかぶるくらいの量）を入れ、**調理キー**を押す。

- 調理が終わったら、すぐに冷水にひたして冷まし、殻をむく。

- ファスナー付き保存袋に卵、Aを入れ、空気を抜いて閉じる。冷蔵庫でひと晩おき、味をなじませる。

BEFORE 　　　 **AFTER**

味つけ卵のバリエーション

ウスターソース味

複雑なスパイスが入っている
ウスターソースは味つけ卵にぴったり。
サンドイッチの具材にしても！

材料
＊つくり方・保存のめやすは「しょうゆ味」と同じ

卵（冷蔵庫から出したてのもの）… 4個

A　ウスターソース … 大さじ3
　　水（煮沸済み）… 100㎖

オイスターソース味

かきの旨味が凝縮した、
濃厚でコクのある味つけ。中華風の
麺類のトッピングにおすすめです。

材料
＊つくり方・保存のめやすは「しょうゆ味」と同じ

卵（冷蔵庫から出したてのもの）… 4個

A　オイスターソース … 大さじ3
　　水（煮沸済み）… 100㎖

カレー味

食欲をかき立てる鮮やかなカレー色！
サラダのトッピングにしても
華やかできれいです。

材料
＊つくり方・保存のめやすは「しょうゆ味」と同じ

卵（冷蔵庫から出したてのもの）… 4個

A　カレー粉 … 小さじ2
　　ウスターソース … 小さじ1
　　水（煮沸済み）… 100㎖

調理時間 & 調理キー別

● 調理時間について

各調理キーの調理時間は、ホットクックの自動調理メニューに設定されている加熱時間のめやすです。この本のレシピでつくる場合、食材の種類や量によって変わることがあります。

橋本加名子
Kanako Hashimoto

料理研究家、栄養士、フードコーディネーター。
海外留学、海外商社勤務時代にタイ、ベトナム、ラオス、広東料理などを広く学び、帰国後は懐石料理を学ぶ。独立後、料理教室「おいしいスプーン」を主宰する傍ら、飲食店のプロデュースやフードコーディネートなどに携わる。現在は、雑誌や書籍、ウェブサイト等で活躍。企業で働きながら子育てをした経験をいかし、「体にやさしくて、つくりやすい家庭料理」を提案し続けている。
『ホットクックお助けレシピ』、『ホットクックお助けレシピ　肉と魚のおかず』(河出書房新社)、『はじめてのアジアごはん』(枻出版社)、『おいしい! かんたん! はじめての作りおきおかず』(新星出版社)等、著書多数。

「おいしいスプーン」
http://oishi-spoon.com/

協力

シャープ株式会社
〒590-8522
大阪府堺市堺区匠町1番地
お客様相談窓口　0120-078-178
https://jp.sharp/

Staff

デザイン:髙橋朱里、菅谷真理子
　　　　(マルサンカク)
撮影:加藤麻希
調理アシスタント:宮崎瑠美子
校正:ディクション
編集:大沼聡子

少ない材料&調味料で、あとはスイッチポン!
ホットクックお助けレシピ
野菜のつくりおき

2021年1月30日　初版発行
2024年4月30日　7刷発行

著　者　　橋本加名子
発行者　　小野寺優
発行所　　株式会社河出書房新社
　　　　　〒151-0051
　　　　　東京都渋谷区千駄ヶ谷2-32-2
　　　　　電話　03-3404-1201(営業)
　　　　　　　　03-3404-8611(編集)
　　　　　https://www.kawade.co.jp/
印刷・製本　TOPPAN株式会社

Printed in Japan
ISBN978-4-309-28854-3

本書の内容に関するお問い合わせは、お手紙かメール(jitsuyou@kawade.co.jp)にて承ります。恐縮ですが、お電話でのお問い合わせはご遠慮くださいますようお願いいたします。